ストウブでつくる
あったかいお菓子

柳瀬久美子

講談社

Sommaire
もくじ

ストウブの鍋の特徴 ───────────── 06
ストウブの鍋の種類 ───────────── 07
基本の材料と道具 ────────────── 08
「冷たいお菓子」から生まれた「あったかいお菓子」─── 10

Chapitre 01　ストウブの鍋で調理して そのまま食べるあったかいお菓子

プラムとネクタリンのクラフティ ──────── 12
ブルーベリーのクラフティ ─────────── 14
バニラスフレ ────────────────── 16
チョコレート＆シナモンスフレ ───────── 18
ゆず＆抹茶スフレ ──────────────── 20
マンゴーライムのフランレジェール ─────── 22
赤い実のコブラー・バルサミコ風味 ─────── 24 / 26
洋梨のコブラー ───────────────── 25 / 27
かぼちゃミルクのクランブル ──────────── 28
マシュマロレモンパイ ───────────── 30 / 32
ピーチシチューポットパイ ─────────── 31 / 33
マジックチョコレートプディング ──────── 34
ホワイトチョコレートといちごのフォンダンショコラ ─ 36

「あったかいお菓子によく合うおすすめのソース」
　　　アングレーズソース ─────────── 38

Chapitre 02　ストウブの鍋で調理した ベース＆アレンジスイーツ

りんごの赤ワインコンポート ── 40
フルーツポトフ ── 41
アップルパイ ── 42
いちじくのコンフィチュール ── 44
いちじくとバナナのスフレ ── 45
いちじくとシナモンのモンキーブレッド ── 46
栗のシロップ煮・ラム＆バニラ風味 ── 48
クレームブリュレ・マロンカフェ ── 50
マロンのポタージュ・ピスタチオの
　タルティーヌ添え ── 52
マロンのモワルーフィナンシェ ── 53
パイナップルのエチュベ・タイム風味 ── 54
パイナップルのブラウンベティ ── 56
パイナップルのケイク ── 58
緑豆のスープ ── 60
緑豆のシガール ── 61
白玉と洋梨のエスニックぜんざい ── 62
緑豆あんとココナッツの蒸しカップケーキ ── 64

Chapitre 03　いろいろなストウブで作る あったかいお菓子

パンペルデュ（フレンチトースト） ── 66 / 68
トロピカルパンプディング ── 67 / 69
グレープフルーツのザバイオーネ ── 70
アーモンドクリームパイ ── 72
りんごのアップサイドダウンケーキ ── 74 / 76
クランベリーのヨーグルトサワーブレッド ── 75 / 77
ミルクソースのスイーツフォンデュ ── 78

○　計量の単位は大さじ１＝15㎖、小さじ１＝5㎖、カップ１＝200㎖です。
○　オーブンはガスオーブンを使用しています。
○　電子レンジは500Wのものを使用しています。
○　レシピ中の「鍋」は、ストウブの鍋（ピコ・ココット）のことです（Chapitre 03を除く）。

ストウブの鍋は煮る、焼くなどの調理法に最適なのはもちろん、

鍋ごとオーブンへ入れられるので、

お菓子作りにももってこいです。

鋳鉄製で保温性が高く、

スフレなどはほかの鍋より縮み方が遅いため、

ふわふわの生地を長く楽しむことができ、

鍋の特性がお菓子作りに思わぬ効果を発揮することもあります。

じっくり煮込んだ季節のフルーツ、豆、栗などは、

それだけで食べてもおいしいのですが、

作り置きしておけば、さらにいろいろなお菓子に使えてとっても便利。

ストウブの鍋から生まれるお菓子は無限大です。

ぜひ、お好みのお菓子にチャレンジして、

ストウブをフル活用してください。

ストウブの鍋の特徴

本書で使うストウブはとても魅力的な鍋です。ここではその特性をご紹介します。

保温性抜群でオーブンもOK！

ストウブの鍋は厚みのある鋳鉄でできているうえ、鍋の内側と外側に3層の薄いエマイユ（ホーロー）加工が施してあるので丈夫で長持ち。鋳鉄製だから保温性抜群。また、エマイユはガラスが主原料なので、食材ににおいがつく心配がありません。さらに、内側の黒マットエマイユ加工は、凹凸があって手で触るとザラザラ。これで表面積が広くなり、油がなじみやすく焦げつきにくいという効果があります。

食材のうまみを逃さない！

ストウブの鍋のふたの裏側には、小さな突起（ピコ）が規則正しく並んでいます。鍋を火にかけたとき、食材から出てくるうまみを含んだ水分が水蒸気になり、ピコに伝わって水滴となり、食材に降り注ぎます。これが加熱中に繰り返されることによって、食材をおいしく、ふっくらと仕上げます。

シンプルなデザインで熱源を選ばない！

フォルムが美しいので、キッチンに出しておいても、テーブルに鍋ごと出してもおしゃれな雰囲気が漂います。それに色や形、大きさが豊富なので、お菓子や料理に合わせて選ぶことができます。また、電子レンジを除く、直火、IH、オーブン、電気プレートなど、あらゆる熱源に対応可。特にお菓子作りに欠かせないオーブンには、取っ手が金属製だから安心して入れられます。

ストウブの鍋を扱うときの注意点

加熱中は鍋全体が熱くなるので、必ず鍋つかみを使用してください。使ったあとは、スポンジで表面にキズをつけないようにやさしく洗います。金属製のたわしや研磨剤、漂白剤などを使うのは厳禁。乾いたふきんなどで水けをしっかり拭き取れば完了です。水分が残っていると、錆の原因になるので注意してください。

ストウブの鍋の種類

ピコのついたストウブの鍋はピコ・ココットという名称で販売されています。形は大きくラウンド（丸形）とオーバル（楕円形）に分けられ、サイズの偶数がラウンド、奇数がオーバルになっているので、サイズで形がわかるようになっています。定番サイズのラウンドは10cmと14〜24cmの間で2cm間隔、オーバルは11cm、15cm、17cm、23cm、27cm。色はブラック、グレー、マスタード、グレナディンレッドなどの定番カラーをはじめ、毎年新色が続々出ています。

本書ではピコ・ココットのほかに、ミニラウンドディッシュ、ミニオーバルディッシュ、ミニレクタンギュラーディッシュ、ラウンドホットプレート、ケーキ＆ブレッドパン、ハーフテリーヌ、ミニチョコレートフォンデュセットも使用しています。各レシピに使った鍋のサイズや種類を明記してあるので参考にしてください。

基本の材料と道具

お菓子作りに使う材料は、それぞれのレシピに合わせて最適のものを選ぶことが大切です。ここでは基本の材料としてよく使う、砂糖類、乳製品、粉類、卵＆バターについてご紹介します。道具は使い慣れたもので大丈夫ですが、これだけはそろえておきたいというものをご紹介します。

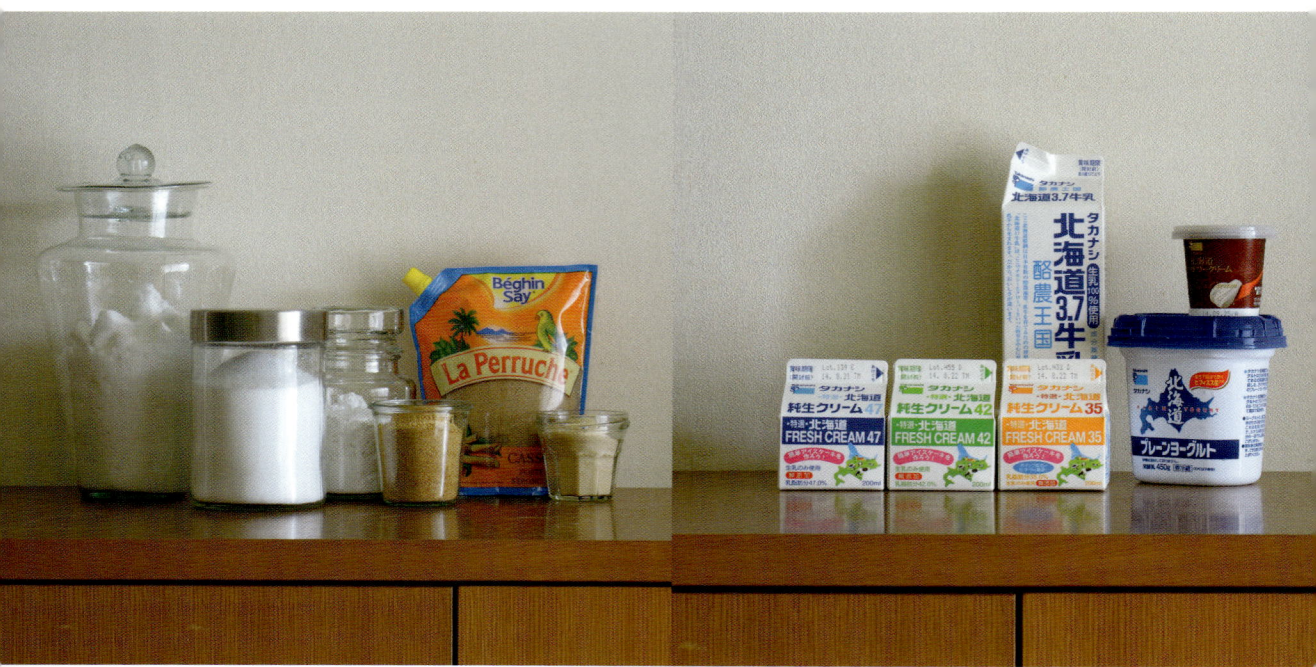

砂糖類

左から

上白糖…… 生地をしっとりと焼き上げたいときに使う。グラニュー糖より甘さが強く、焼いたときに甘い香りがする。

グラニュー糖…… クセのない精製度の高い砂糖。上品な甘さなので、フルーツの風味を生かしたいときに使う。

粉糖…… グラニュー糖をさらに細かくしたもの。混ざりやすく口あたりがいいが、ダマになりやすいので、飾りに使うときは茶こしでふるう。

ブラウンシュガー…… ミネラルをたっぷり含んだ茶色の砂糖。独特のコクと風味があり、くどくないやさしい甘みがある。

カソナード…… フランスの砂糖で、さとうきびから作られる未精製の赤砂糖。コクや風味を生かしたいときに使う。

きび砂糖…… 精製途中の砂糖液をそのまま煮詰めて作ったもの。ミネラルを多く含み、風味とコクがある。

乳製品

左から

生クリーム47／42／35…… 数字は乳脂肪分（％）。生クリームには植物性と動物性があるが、お菓子作りには動物性を使う。乳脂肪分が高いほど濃厚でコクがある。どれを使ってもいいが、本書では乳脂肪分47％を使用。

ヨーグルト…… 爽やかな口あたりのプレーンヨーグルト。コクがあるのにさっぱりとした味のお菓子に仕上がる。

サワークリーム…… 生クリームを乳酸菌で発酵させたクリーム。芳醇なコクと爽やかな酸味がある。

後ろ

牛乳3.7…… 乳脂肪分3.7％以上の牛乳。高温で加熱殺菌したものより、成分無調整牛乳を使うと、風味のいいお菓子に仕上がる。

粉類

左から

薄力粉 …… お菓子の生地作りに欠かせない粉。粒が細かく、含まれるたんぱく質（グルテン）の量が少ない（6.5〜9.0％）のでふんわりと仕上がる。

強力粉 …… パン生地などを作るときに欠かせない粉。含まれるたんぱく質（グルテン）の量が多い（11.5〜13.0％）ので、しっかりとした生地に仕上がる。

卵＆バター

左から

卵 …… 本書ではLサイズを使用。卵白が残った場合は、冷凍用保存袋に入れて冷凍庫で保存すれば、1ヵ月くらいは保存可能。

バター …… 本書ではすべて食塩不使用のものを使用。お菓子によって、溶かしバターにしたり、常温に戻したり、冷蔵庫から出してすぐ使うなどと使い分ける。

道具

左から

万能こし器 …… 粉をふるったり、ソースなどをこすのに使う。

ゴムべら …… 生地を混ぜ合わせたり、クリームを流すときに使う。耐熱性のものが便利。

木べら …… 鍋で材料を混ぜるときに使う。耐熱性のゴムべらでもよい。

泡立て器 …… 生地やクリームを泡立てたり、混ぜたりするときに使う。30cm丈のものがおすすめ。

はかり …… 材料をはかるときに使う。デジタルのものがベスト。

計量カップ …… 牛乳や生クリームなどをはかるときに使う。200mlと1000mlの2種類があると便利。

「冷たいお菓子」

から生まれた

「あったかいお菓子」

本書が誕生するきっかけになったのは、
前著『ストウブで冷たいお菓子』の撮影中のこと。
「冷たいお菓子」は初夏の発売に間に合わせるため、
撮影は真冬の寒々とした景色を眺めながら行いました。
だから「冷たいお菓子」を作りながらも、
なぜか頭の中に浮かんでくるのは「あったかいお菓子」のことばかり。
そのたびに「こんなあったかいお菓子があったらおいしい……」と、
次々に浮かんでくるメニューについて熱く語っていました。
そんなメニューの数々を一冊にまとめたのが本書です。

ご紹介するお菓子のラインナップはシンプルなものがほとんど。
作りやすいのはもちろんですが、
ちょっとした隠し味や素材の組み合わせのおもしろさなどを、
随所にちりばめています。

テイクアウトで買って帰ることのできない「あったかいお菓子」は、
ホームメイドならではの楽しさとおいしさが秘められています。
フーフーしながら食べる「あったかいお菓子」。
きっとティータイムの主役になることでしょう。

柳瀬久美子

Chapitre 01

ストウブの鍋で調理して そのまま食べるあったかいお菓子

ストウブの保温性を最大限に生かすお菓子が勢ぞろい。特に、オーブンから出すとすぐにしぼんでしまうスフレなどは、ストウブの保温性のおかげであわてずに食べられます。オーブンから出してアツアツを楽しむお菓子を堪能してください。

Clafoutis aux prunes et aux nectarines

プラムとネクタリンのクラフティ

23cmのオーバル

クラフティは季節のフルーツでおいしく作れます。プラムの季節にぜひ作ってみたいのが、いろいろな種類のプラムを組み合わせて作るクラフティ。酸味や甘み、香りがそれぞれ違うので、飽きずにたっぷり食べられます。

材料　23cmのオーバル1台分

プラム（ソルダム）	1個
プラム（太陽）	1個
プルーン	3個
ネクタリン	1個
粉糖	20g

○ プラムの酸味によって増減する。

キルシュ Ⓐ	大さじ2

○ さくらんぼでつくったブランデーの一種。

[アパレイユ（生地）]

卵	3個
カソナード	75g
薄力粉	50g
牛乳	100mℓ
生クリーム	100mℓ
バター（食塩不使用）	35g

下準備

・鍋にバター（食塩不使用／分量外）を薄く塗る。
・アパレイユのバターは湯せん（または電子レンジ）で溶かす（溶かしバター）。
・オーブンは180℃に予熱する。

作り方

① プラム類とネクタリンは中央から種に沿って縦にナイフで切り込みを入れ、一周したら手で果肉をひねって半分にする。種のついているほうはスプーンなどで下から枝付きに向かって種を取り除き、さらに半分にカットする。ボウルに入れて粉糖をふり、キルシュを回しかけて全体を混ぜ合わせ、使う直前までそのままおくⒷ。

② ［アパレイユ］別のボウルに卵とカソナードを入れて泡立て器でよく混ぜ合わせ、卵と砂糖をなじませる（泡立てる必要はない）。

③ 薄力粉をふるい入れ、泡立て器で粉っぽさがなくなるまで混ぜ合わせたら、牛乳、生クリーム、溶かしバターを順に加えて、そのつど混ぜ合わせる。

④ ［仕上げ］準備した鍋に①を並べ、フルーツがほぼ隠れるくらいまで③を流し入れ、180℃のオーブンで30〜40分焼く。

Clafoutis aux myrtilles

ブルーベリーのクラフティ

16cmのラウンド

たっぷりのブルーベリーをぜいたくに使って焼き込んだクラフティ。サワークリームとレモンの風味をきかせ、ほんの少しだけ加えたシナモンが隠し味です。

材料　16cmのラウンド1台分

ブルーベリー ───── 100g

[アパレイユ(生地)]
サワークリーム ───── 100g
グラニュー糖 ───── 65g
卵黄 ───── 1個分
卵 ───── 2個
薄力粉 ───── 20g
シナモンパウダー ───── 小さじ½
生クリーム ───── 100ml
レモンの皮のすりおろし ───── 1個分
レモン果汁 ───── 大さじ1

下準備

・鍋にバター(食塩不使用／分量外)を薄く塗る。
・ブルーベリーはきれいに洗ってペーパータオルで水けを拭き取る。
・オーブンは180℃に予熱する。

作り方

① [アパレイユ]　ボウルにサワークリームとグラニュー糖を入れ、泡立て器でなめらかな状態になるまで混ぜる。
② 卵黄と卵を1個ずつ加え、そのつど泡立て器でしっかりとなじむまで混ぜる。薄力粉とシナモンパウダーをふるい入れ、粉っぽさがなくなるまで混ぜ合わせる。生クリームを加えて混ぜ合わせ、レモンの皮のすりおろしとレモン果汁を加えて混ぜ合わせる。
③ [仕上げ]　準備した鍋にブルーベリーを敷き詰め、②を流し入れる。180℃のオーブンで30〜40分焼く。

「クラフティ」とは?

ミルク生地ベースのクレープの仲間で、「フロニャルド」ともいわれます。本来、「クラフティ」と呼ぶのは「さくらんぼのクラフティ」だけで、それ以外は「フロニャルド」と呼ばれたようです。また、よく似たものに「フラン」がありますが、こちらは卵生地ベースのプリンの仲間。タルト生地やパイ生地に流して焼くこともありますが、「クラフティ」ではないようです。でも、最近はこうした区別もあいまいになっています。

スフレはそれ自体はやさしい味わいのお菓子です。お好みでソースやコンフィチュール、アイスクリームなどを添えて食べるのがおすすめ。バニラスフレにはバニラアイスが私のイチオシ。きび砂糖の風味を生かして自然なコクをプラスしました。

Soufflé à la vanille

バニラスフレ

10cmのラウンド

材料　10cmのラウンド3台分

きび砂糖 a	15g
薄力粉	30g
牛乳	150㎖
卵黄	3個分
バニラビーンズ	½本
バター（食塩不使用）	15g
卵白	3個分
きび砂糖 b	40g

下準備

- 鍋の内側にバター（食塩不使用／分量外）を薄く塗り、グラニュー糖（分量外）をまんべんなくふりかけ、余分なグラニュー糖はふり払う A。
- オーブンは200℃に予熱する。

作り方

① ボウルにきび砂糖 a と薄力粉を入れてさっと全体を混ぜ合わせ、分量の牛乳から大さじ1くらいを加えて泡立て器で混ぜ合わせる。卵黄を加えて混ぜ、こし器でボウルにこす。

② 片手鍋に残りの牛乳とさやからしごき出したバニラビーンズを入れて火にかけ、沸騰直前まで温める。少量を①のボウルに加え、手早く全体を混ぜ、鍋に戻して混ぜ合わせる。

③ 鍋を中火にかけて絶えず泡立て器（またはゴムべら）で混ぜながら、鍋中のクリームが煮立ってぷくぷくと泡が立ち、全体にとろみがついてクリーム状になるまで火を入れる。

④ ③を火から下ろしてバターを加え、余熱で溶かし混ぜる。大きめのボウルに移し、冷めないようにボウルの上にふきんをふんわりとかぶせる。

⑤ 別のボウルに卵白ときび砂糖 b を入れ、ハンドミキサーで角が立って少しおじぎをするくらいのメレンゲにする。

⑥ ④にメレンゲの⅓量を加え、泡立て器でざっくりと混ぜ合わせる。8割方混ざったら、残りのメレンゲを2回に分けて加え、同様にして混ぜる。

⑦ 生地のムラを取るようにゴムべらでしっかり混ぜ B、準備した鍋に流し入れる。パレットナイフで生地をすり切り、鍋の縁の汚れを指できれいに拭き取る。

> メレンゲの泡のことはあまり気にせず、全体のキメを整えるようにしっかり混ぜ合わせる。でき上がった生地はふんわりではなく、とろとろっと流れ落ちる感じ。

⑧ 200℃のオーブンで5分、180℃に下げて約20分焼く。

Soufflé au chocolat et à la cannelle

チョコレート＆シナモンスフレ

11cmのオーバル

薄力粉などつなぎになる粉類が入っていない生地なので、見た目以上に軽い口あたりのスフレ。私はできたてにバニラアイスを添えるのがお気に入りです。特にこのスフレは混ぜすぎに注意！　さっくりと混ぜ合わせてください。

材料　11cmのオーバル3台分

スイートチョコレート	80g
生クリーム	80㎖
卵黄	3個分
シナモンパウダー	小さじ1
ラム酒	大さじ1
卵白	3個分
グラニュー糖	30g

下準備

・鍋の内側にバター（食塩不使用／分量外）を薄く塗り、グラニュー糖（分量外）をまんべんなくふりかけ、余分なグラニュー糖はふり払う。
・オーブンは200℃に予熱する。

作り方

① 小鍋にチョコレートと生クリームを入れて火にかけ、なめらかなクリーム状になるまで混ぜ合わせる。
② 卵黄を1個ずつ加え、そのつどよく混ぜ合わせる。茶こしを通してシナモンパウダーを加えて混ぜ合わせ、ラム酒を加えて混ぜ合わせる。ボウルに移し、冷めないようにふきんをふんわりとかぶせる。
③ 別のボウルに卵白とグラニュー糖を入れ、ハンドミキサーで角が立つくらいのしっかりとしたメレンゲにする。
④ ②にメレンゲの½量を加え、泡立て器でざっくりと混ぜ合わせる。8割方混ざったら、残りのメレンゲを加えて同様にして混ぜ、準備した鍋に流し入れる。
⑤ 200℃のオーブンで5〜6分、180℃に下げて約20分焼く。

スフレをちょっと和風にアレンジしました。抹茶とゆずの組み合わせは寒くなってくるころに必ず食べたくなります。ストウブの鍋は保温性が高く、生地が沈むのに多少時間がかかるため、焦らずに食べられます。

Soufflés au yuzu-matcha

ゆず＆抹茶スフレ

14cmのラウンド

材料　14cmのラウンド1台分

ゆずジャム	大さじ3
抹茶	10g
薄力粉	30g
きび砂糖ⓐ	15g
牛乳	150mℓ
卵黄	3個分
バター（食塩不使用）	15g
卵白	3個分
きび砂糖ⓑ	40g

下準備

- 鍋の内側にバター（食塩不使用／分量外）を薄く塗り、グラニュー糖（分量外）をまんべんなくふりかけ、余分なグラニュー糖はふり払い、ゆずジャムを入れる🅐。
- オーブンは200℃に予熱する。

作り方

① ボウルに抹茶、薄力粉、きび砂糖ⓐを入れてさっと全体を混ぜ合わせ、分量の牛乳から大さじ1くらいを加えて泡立て器で混ぜ合わせる。卵黄を加えて混ぜ、こし器でボウルにこす。

② 片手鍋に残りの牛乳を入れて火にかけ、沸騰直前まで温める。少量を①のボウルに加え、手早く全体を混ぜ、鍋に戻して混ぜ合わせる。

③ 鍋を中火にかけて絶えず泡立て器（またはゴムべら）で混ぜながら、鍋中のクリームが煮立ってぷくぷくと泡が立ち、全体にとろみがついてクリーム状になるまで火を入れる。

④ ③を火から下ろしてバターを加え、余熱で溶かし混ぜる。大きめのボウルに移し、冷めないようにボウルの上にふきんをふんわりとかぶせる。

⑤ 別のボウルに卵白ときび砂糖ⓑを入れ、ハンドミキサーで角が立って少しおじぎをするくらいのメレンゲにする。

⑥ ④にメレンゲの1/3量を加え、泡立て器でざっくりと混ぜ合わせる。8割方混ざったら、残りのメレンゲを2回に分けて加え、同様にして混ぜる。

⑦ 生地のムラを取るようにゴムべらでしっかり混ぜ、準備した鍋に流し入れる。パレットナイフで生地をすり切り、鍋の縁の汚れを指できれいに拭き取る。

> メレンゲの泡のことはあまり気にせず、全体のキメを整えるようにしっかり混ぜ合わせる。でき上がった生地はふんわりではなく、とろとろっと流れ落ちる感じ。

⑧ 200℃のオーブンで5分、180℃に下げて25〜28分焼く。

🅐

Flan léger à la mangue-citron vert

マンゴーライムのフランレジェール

16cmのラウンド

「レジェール」とは「軽い」という意味。通常フランはプリンのような生地を使いますが、これは泡立てた軽い生地を使っています。焼き上がりの生地は半熟状態です。この半熟のとろとろ部分にフルーツや焼けた生地をからめて食べてください。実はこれ、一時期流行った半熟カステラと同じ生地。我ながらgood idea！ と気に入っています。

材料　16cmのラウンド1台分

[マンゴーのマリネ]
- マンゴー ──── 1個
- ライム果汁 ──── 1個分
- はちみつ ──── 大さじ2

[アパレイユ(生地)]
- 卵黄 ──── 3個分
- 卵 ──── 1個
- グラニュー糖 ──── 50g
- 薄力粉 ──── 20g
- ラム酒 ──── 大さじ1
- 生クリーム ──── 大さじ1

下準備

- 鍋にバター（食塩不使用／分量外）を薄く塗る。
- オーブンは180℃に予熱する。

作り方

① [マンゴーのマリネ]　マンゴーは種の部分と両サイドの3つに切り分け、皮をむいて食べやすい大きさのざく切りにしてボウルに入れる。種のまわりの果肉は、手で握りつぶして果汁とともに取り、ボウルに加える。ライム果汁とはちみつを回しかけて全体をよく混ぜ合わせ、表面にラップをぴったりかけて1時間くらいマリネする。

② [アパレイユ]　別のボウルに卵黄と卵、グラニュー糖を入れ、ハンドミキサーでふんわりするまでしっかり泡立てる。薄力粉をふるい入れ、泡立て器で粉っぽさがなくなるまで混ぜ合わせたら、ラム酒と生クリームを加え、さっくりと混ぜる。

③ 準備した鍋に①のマンゴーを敷き、②を流し入れて、180℃のオーブンで約20分焼く。

赤い実のコブラー・バルサミコ風味

コブラーとは、とろみをつけたフルーツの上にビスケットやクッキー生地をのせて焼いたお菓子。この組み合わせがおいしくないわけがありません。昔ながらのアメリカのホームメードスイーツはおおらかで温かみがありますね。

洋梨のコブラー

コブラーはフィリングがグツグツと煮立って、かぶせた生地の上に溶岩のように上がってきた様子がなんともおいしそう。でも、実は私は猫舌。だから焼きたてのコブラーはソースが熱すぎて食べられません（笑）。皆さんもお口のやけどにはご用心を！

Cobbler de fruits rouges au balsamique

赤い実のコブラー・バルサミコ風味

20cmのラウンド

材料　20cmのラウンド1台分

[コブラー(生地)]

A
- 薄力粉 ───── 125g
- ベーキングパウダー ── 小さじ½
- グラニュー糖 ───── 25g
- 塩 ───── 小さじ⅙(約1g)

バター(食塩不使用) ───── 35g

B
- 牛乳 ───── 25㎖
- プレーンヨーグルト ── 25g

[ベリーのバルサミコマリネ]

- いちご ───── 1パック(約350g)
- ダークチェリー ───── 150g
- ラズベリー ───── 100g
- ブルーベリー ───── 100g
- ○ ベリー類の割合は好みで。全体で700gくらいあればよい。
- バルサミコ酢 ───── 小さじ5
- ブラウンシュガー ───── 70g

[仕上げ]

コーンスターチ ───── 大さじ1½～2

下準備

・オーブンは190℃に予熱する。

作り方

① [コブラー]　台(または大きめのボウル)にAをふるい入れ、全体を混ぜ合わせる。バターを冷蔵庫から出して加え、カード(またはスケッパー)で小豆大くらいに刻む。

② 指の腹ですり合わせるようにして全体をポロポロのそぼろ状にし、混ぜ合わせたBを加えて生地をひとまとめにする。ラップにくるみ、冷蔵庫で2時間以上休ませる。
∥ 生地に多少粉っぽさやムラがあってもかまわない。

③ [ベリーのバルサミコマリネ]　いちごはへたを取り、大きさによって2～4等分にカットする。ダークチェリーは種を取る。

④ ボウルにバルサミコ酢を入れ、③とベリー類を加えてブラウンシュガーをふりかける。ゴムべらで全体をさっと混ぜ合わせ、ラップをぴったりかけて、冷蔵庫で1時間以上マリネして味をなじませる。

⑤ [仕上げ]　台に打ち粉(強力粉/分量外)をし、②を冷蔵庫から出してラップをはずして置き、めん棒で1cm厚さにのばして鍋にのるくらいの大きさにする。

⑥ 鍋に④の赤い実を汁けをさっときって入れ、ボウルに残った汁にコーンスターチを加えて混ぜ合わせたものを回しかける。⑤をのせ Ⓐ、190℃のオーブンで25～30分焼く。

「コブラー」と「クランブル」の違いは？

「コブラー」とはとろみをつけたフルーツの上に、スコーンのようなビスケット生地をのせて焼いたもの。「クランブル」とは、カリカリ&サクサクのそぼろ状(=クランブル)の生地を焼き菓子やフルーツの上にのせて焼き上げたもの。こちらはトッピングを楽しむデザートです。

Cobbler aux poires et au chocolat

洋梨のコブラー

17cmのオーバル

材料　17cmのオーバル1台分

[チョコレートコブラー（生地）]

A
- 薄力粉 ───── 125g
- ココア ───── 10g
- ベーキングパウダー ── 小さじ½
- グラニュー糖 ───── 25g
- 塩 ─── 小さじ⅙（約1g）

バター（食塩不使用） ───── 35g

B
- 牛乳 ───── 25mℓ
- プレーンヨーグルト ── 25g

[フィリング]

洋梨（缶詰） ───── 3切れ
スイートチョコレート ───── 50g
ミルクチョコレート ───── 50g
生クリーム ───── 50mℓ
牛乳 ───── 50mℓ
ポワールウィリアムス Ⓐ ── 大さじ1〜2
○　洋梨のフルーツブランデー。

下準備

・オーブンは190℃に予熱する。

作り方

① [チョコレートコブラー]　台（または大きめのボウル）にAをふるい入れ、全体を混ぜ合わせる。バターを冷蔵庫から出して加え、カード（またはスケッパー）で小豆大くらいに刻む。
② 指の腹ですり合わせるようにして全体をポロポロのそぼろ状にし、混ぜ合わせたBを加えて生地をひとまとめにする。ラップにくるみ、冷蔵庫で2時間以上休ませる。
∥ 生地に多少粉っぽさやムラがあってもかまわない。
③ [フィリング]　洋梨は皮をむいて芯を取り、食べやすい大きさのざく切りにする。ボウル（電子レンジ対応のもの）に刻んだチョコレート類を入れ、電子レンジで1分加熱し、ゴムべらで全体を混ぜ合わせて熱ムラを取り、まだ溶けきっていないようなら、再び電子レンジで数秒加熱してチョコレートを完全に溶かす。
④ 小鍋に生クリームと牛乳を入れて火にかけ、沸騰直前まで温めたら③のボウルに注ぎ入れる。泡立て器で混ぜ合わせ、なめらかなソース状になったらポワールウィリアムスを加えて混ぜる。
⑤ [仕上げ]　台に打ち粉（強力粉／分量外）をし、②を冷蔵庫から出してラップをはずして置き、めん棒で1cm厚さにのばして鍋にのるくらいの大きさにする。
⑥ 鍋に③と④を入れ、⑤をのせて190℃のオーブンで25〜30分焼く。

Crumble de spéculoos au potiron

かぼちゃミルクのクランブル

18cmのラウンド

ミルク風味に蒸し焼きにしたかぼちゃに、スパイシーなクランブルをのせてオーブンで焼き上げます。ストウブだからこそ、簡単でおいしくできるレシピです。

材料　18cmのラウンド1台分

[クランブル]
スペキュロス🅐 ——— 80g
○ シナモンなどのスパイスがきいたカリッとした食感のビスケットで、ベルギーの代表的なお菓子。

アーモンドパウダー ——— 50g
カソナード ——— 50g
バター（食塩不使用） ——— 50g

[かぼちゃミルク]
かぼちゃ（正味） ——— 300g
ブラウンシュガー ——— 大さじ2
ナツメグ ——— 少々
ラムレーズン ——— 40g
牛乳 ——— 50mℓ
生クリーム ——— 50mℓ

下準備

・オーブンは180℃に予熱する。

作り方

① [クランブル]　スペキュロスは厚手のポリ袋などに入れてめん棒でたたいて粉状にし、アーモンドパウダー、カソナードとともにボウルに入れて混ぜ合わせる。

② バターを冷蔵庫から出して①に加え、カードで細かく刻む。指の腹ですり合わせるようにして全体をポロポロのそぼろ状にし、冷蔵庫で使う直前まで冷やす。

③ [かぼちゃミルク]　かぼちゃは種とわたを取り、皮はそぎ落とす。果肉は1.5〜2cm厚さに切って鍋に入れ、残りの材料もすべて入れてふたをする。

④ [仕上げ]　180℃のオーブンで約30分、竹串がすっと通るまで蒸し焼きにする。オーブンから出して全体を混ぜ合わせ、ムラを取りつつかぼちゃを少しつぶし、②を散らす🅑。再び180℃のオーブンで表面がカリッとするまで、約20分焼く。

マシュマロレモンパイ

子供のころ、スポーツのお供によく作ったハニーレモンを久しぶりに作ったら懐かしくておいしかったのです。そこで思いついたのがこのレシピ。大好きなレモンパイがこんなに簡単に作れるとは！ うれしくてちょっと自慢したい一品です。

ピーチシチューポットパイ

パイ生地がフィリングに直接触れないポットパイ。フィリングにたっぷりの水分があってもパイはさっくり、フィリングはとろ〜りとおいしく焼くことができます。大好きな桃にロゼワインとローズの香りをほんのりと移しました。

Pot pie au citron & chamallows

マシュマロレモンパイ

11cmのオーバル

材料　11cmのオーバル2台分

[パイ生地]
- A [薄力粉 ─── 60g
     強力粉 ─── 60g
     塩 ─── 2g]
- バター(食塩不使用) ─── 90g
- 冷水 ─── 50ml

[フィリング]
- ハニーレモン(下記参照) ─── 全量
- ハニーレモンのジュース(汁) ─── 90ml
- マシュマロa ─── 30g
- バター(食塩不使用) ─── 10g

[仕上げ]
- 溶き卵 ─── 適量
- マシュマロb ─── 約20g

下準備

・鍋の内側にバター10g(食塩不使用／分量外)を厚めに塗る。
・オーブンは180℃に予熱する。

作り方

① [パイ生地]　台(または大きめのボウル)にAをふるい入れ、全体を混ぜ合わせる。バターを冷蔵庫から出して加え、カード(またはスケッパー)で小豆大くらいに刻む。

② 指の腹ですり合わせるようにして全体をポロポロのそぼろ状にし、分量の冷水を加えて生地をひとまとめにする。ラップにくるみ、冷蔵庫で2時間以上休ませる。

③ [フィリング]　準備した鍋にハニーレモンとジュースを入れ、マシュマロaとちぎったバターをのせる。
‖ 材料は鍋2台分なので、½量ずつ入れる。

④ [仕上げ]　台に打ち粉(強力粉／分量外)をし、②のパイ生地を冷蔵庫から出してラップをはずして置き、めん棒で3〜4mm厚さ×鍋の直径よりひとまわり大きくのばし、縁に溶き卵を塗って③の鍋にかぶせ、縁をしっかりはりつける。ナイフでところどころに空気抜けの穴をあける。180℃のオーブンで、表面がこんがりきつね色になるまで、約35分焼く。

⑤ オーブンから出してマシュマロbをのせ、再びオーブンに入れ、温度を200℃に上げて3〜5分、マシュマロの表面に焼き色がつくまで焼く。パイをくずして中を混ぜながら、いっしょに食べる。

ハニーレモンの材料と作り方

① レモン1個は3mm厚さに切り、清潔な瓶(またはコップ)など、レモンの直径より少しだけ大きめの筒状の容器に、レモン1枚、はちみつ小さじ1弱を交互に重ねていき、表面にラップをぴったりかけて、レモンの上にのるくらいの重石をのせ、一晩冷蔵庫におく。
‖ 重石はレモンの重さとほぼ同じくらいにする。

② 翌日、果汁が上がってレモンが液体に浸っていたら重石をはずし、ふたをして3日〜1週間冷蔵庫におく。
‖ 重石をはずしたとき、レモンが液体から飛び出している場合は、カビの原因になるので、レモンが隠れるまではちみつを足してからふたをする。冷蔵庫に入れたら、ときどき瓶を逆さにする。使うのは翌日からでもOKだが、少しおいたほうが甘みが増してまろやかになる。水や炭酸水で割って飲んでもおいしい。

Pot pie aux pêches, à la rose

ピーチシチューポットパイ

18cmのラウンド

材料　18cmのラウンド1台分

[パイ生地]

A ┃ 薄力粉 ──────── 60g
　 ┃ 強力粉 ──────── 60g
　 ┃ 塩 ─────────── 2g

バター（食塩不使用）─── 90g
冷水 ─────────── 50mℓ

[フィリング]

桃 ──────────── 2〜3個
使い終わったバニラビーンズのさや（あれば）
　　　　　　　　　　── 1本分

B ┃ ロゼワイン ──── 大さじ3
　 ┃ 水 ───────── 大さじ3
　 ┃ ローズウォーター（あれば）Ⓐ
　 ┃ 　　　　　　── 大さじ1
　 ┃ ○ バラの花びらを蒸留するときに油分と分
　 ┃ 　 離した水分。ないときは加えなくてもよ
　 ┃ 　 い。

C ┃ レモン果汁 ──── 20mℓ
　 ┃ グラニュー糖 ─── 25g
　 ┃ コーンスターチ ── 10g
　 ┃ ドライローズペタルⒷ ─ 大さじ1
　 ┃ ○ バラの花びらを乾燥させたもの。

[仕上げ]
溶き卵 ─────────── 適量

下準備

・オーブンは180℃に予熱する。

作り方

① [パイ生地]　マシュマロレモンパイ(P32)の作り方①〜②参照。

② [フィリング]　桃は中央から種に沿って縦にナイフで切り込みを入れ、一周したら手で果肉をひねって半分にする。種のついているほうはスプーンなどで下から枝付きに向かって種を取り除き、6〜8等分のくし形切りにして皮をむき、鍋に入れる。あればバニラビーンズのさやも加える。

③ BとCⒸを合わせて回しかけ、ゴムべらで果肉をつぶさないように全体をさっとあえる。ふたをして冷蔵庫におく。

④ [仕上げ]　台に打ち粉（強力粉／分量外）をし、①のパイ生地を冷蔵庫から出してラップをはずして置き、めん棒で4mm厚さ×鍋の直径よりもひとまわり大きくのばし、縁に溶き卵を塗って③の鍋にかぶせ、縁をしっかりはりつける。ナイフでところどころに空気抜きの穴をあける。180℃のオーブンで、表面にこんがり焼き色がつくまで、45〜50分焼く。

Magic chocolate pudding

マジックチョコレートプディング

18cmのラウンド

友人の家に遊びに行ったとき、お母さんがアメリカ滞在中に覚えたお菓子を作ってくれたのがこれ。2層の生地をどうやって作るんだろう？　と不思議に思っていたら、なんと一つの生地が焼いている間に勝手に分かれて2層になるだけ。そこが"マジック"なんですね。

材料　18cmのラウンド1台分

- グレープシードオイル Ⓐ ——— 50g
  - ○ ブドウの種子を絞った油。
- グラニュー糖 a ——— 50g
- 卵黄 ——— 2個分
- 牛乳 ——— 200ml
- 生クリーム ——— 150ml
- A ┌ 薄力粉 ——— 40g
  │ ベーキングパウダー ——— 小さじ1
  └ ココア ——— 10g
- 卵白 ——— 2個分
- グラニュー糖 b ——— 20g

下準備

- 鍋の内側にグレープシードオイル（分量外）を薄く塗る。
- Aは混ぜ合わせる。
- オーブンは180℃に予熱する。

作り方

① ボウルにグレープシードオイルとグラニュー糖 a を入れ、泡立て器で混ぜ合わせる。卵黄を1個ずつ加え、そのつどよく混ぜ合わせる。

② 小鍋に牛乳と生クリームを入れて火にかけ、人肌くらいまで温めたら①に少しずつ加えて混ぜる。Aをふるい入れ、泡立て器でしっかりと混ぜ合わせる。

③ 別のボウルに卵白とグラニュー糖 b を入れ、角が立つくらいしっかりとしたメレンゲを作る。②に2回に分けて加え、さっくりと混ぜ合わせる Ⓑ。

④ 準備した鍋に流し入れ、180℃のオーブンで30〜35分焼く。

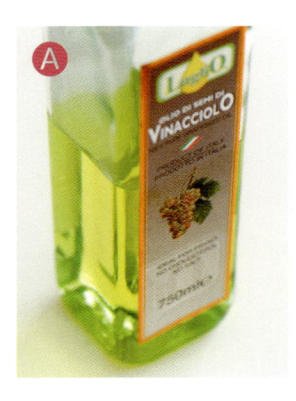

まったりと甘くクリーミーなフォンダンショコラの中に、とろ〜りとしたいちご
ソースをしのばせました。ソースに入れたディタはライチのリキュール。これを
入れるとなんとなく春の気分を楽しめる気がします。

Moelleux chocolat blanc cœur fraise

ホワイトチョコレートといちごのフォンダンショコラ

10cmのラウンド

材料　10cmのラウンド4台分

[いちごソース]
いちご ——————————— 150g
グラニュー糖 ————————— 30g
ディタ ——————————— 小さじ2
コーンスターチ ———————— 小さじ1

[ホワイトチョコレートのフォンダンショコラ]
ホワイトチョコレート —————— 160g
バター（食塩不使用）——————— 140g
卵 ————————————— 4個
卵黄 ————————————— 2個分
グラニュー糖 ————————— 80g
薄力粉 ———————————— 90g
レモンの皮のすりおろし —————— 1個分
レモン果汁 ————————— 60ml

下準備

・鍋の内側にバター（食塩不使用／分量外）を薄く塗り、強力粉（分量外）をふって、余分な粉をはたく。
・オーブンシートで鍋の内径に合わせた紙ぶたを作り、片面にバター（食塩不使用／分量外）を薄く塗る。
・オーブンは200℃に予熱する。

作り方

① [いちごソース]　いちごはへたを取り、大きさによって2〜4等分に切って片手鍋に入れる。グラニュー糖をふってさっと混ぜ合わせ、室温で果汁をしみ出させる（1〜2時間）。
② ①を火にかけ、沸騰したらディタで溶いたコーンスターチを加えてとろみをつける。
③ 密閉容器にラップを敷いて②を流し入れ Ⓐ、粗熱を取って冷凍庫で凍らせる（約2時間）。
④ [ホワイトチョコレートのフォンダンショコラ]　ボウルにホワイトチョコレートとバターを入れ、湯せんで溶かす。
⑤ 別のボウルに卵類とグラニュー糖を入れ、砂糖がなじむまで泡立て器でしっかりと混ぜ、④を加えて混ぜる。薄力粉をふるい入れ、粉っぽさがなくなるまで混ぜ合わせ、レモンの皮のすりおろしとレモン果汁を加えて混ぜる。
⑥ [仕上げ]　③を冷凍庫から出してラップをはずし、鍋底の中央に入る大きさに包丁でカットして Ⓑ 準備した鍋に入れる。⑤を流し入れ、紙ぶたをバターを塗ったほうを下にしてのせる Ⓒ。
⑦ 200℃のオーブンに並べて入れ、温度を180℃に下げて15〜18分焼く。焼き上がったらアツアツを食べる。

> フォンダンのような半焼きの状態にするときは、オーブンの焼き時間や温度（180℃）をきちんと設定しておくことが大切。そのため、オーブンをあけたときに温度が下がることを計算して、最初200℃に設定しておき、その後180℃にする。

〈あったかいお菓子によく合うおすすめのソース〉

アングレーズソース

温かいアップルパイとバニラアイス、焼きたてのふわふわスフレにフルーツシャーベットなど、あったかいお菓子と冷たいものの相性は抜群です。そこでどんなお菓子とも合う懐の深い万能ソースをご紹介します。ぜひあったかいお菓子に添えて、その魅力を堪能してください。

材料　作りやすい分量

卵黄	4個分
上白糖	40g
牛乳	500ml
バニラビーンズ	1本

作り方

① ボウルに卵黄と上白糖を入れ、白っぽくなるまで泡立て器でよく混ぜる。
② 鍋に牛乳とさやからしごき出したバニラビーンズを入れて火にかけ、沸騰直前まで温める。
③ ②の1/3量を①のボウルに加えて手早く泡立て器で混ぜ合わせ、②の鍋に戻し入れる。
④ 弱火にかけ、木べらで絶えず鍋底や鍋肌をこするようにして混ぜながら、全体にとろみがつくまで温める。木べらですくうと、木べらの表面をおおうくらいになったら火から下ろし、こし器でこす。粗熱を取り、冷蔵庫で冷やす（約2時間）。

アップルパイ（P42参照）に添えて。

Chapitre 02
ストウブの鍋で調理した
ベース＆アレンジスイーツ

りんごやいちじく、栗、パイナップル、緑豆をストウブの鍋で煮込んで、ベースとなるお菓子を作ります。もちろんベースだけでもおいしいのですが、さらにそれを使ったアレンジお菓子もご紹介。バリエーションに富んだお菓子が続々登場します。

Base

Compote de pommes au vin rouge

りんごの赤ワインコンポート

22cmのラウンド

毎年りんごを箱で送ってくれる友人がいます。でも食べきれないことが多いので、そんなときはコンポートにするのが恒例。コンポートはゆっくりと冷めていくと味が中までしみ込むので、ストウブの鍋は最適。極上のコンポートができます。

材料　りんご5〜6個分

りんご	5〜6個
A グラニュー糖	290g
赤ワイン	400㎖
水	600㎖

作り方

① りんごは皮をむいて半分に切り、へたと芯を除く。
② 鍋にAを入れて混ぜ、①を加えて中火にかける。
③ 沸騰したら弱火にし、ペーパータオルなどで落としぶたをし、ときどき返しながら約20分煮る。
④ りんごに竹串を刺してすっと通るくらい柔らかくなったら火から下ろし、粗熱を取って冷蔵庫で冷やす。

Arrange

Pot-au-feu de fruits

フルーツポトフ

16cmのラウンド

実は私、よく冷えたフルーツが苦手で、冬になると、常温でもフルーツに手が伸びなくなりがち。そんなときに思いついたのがこれ。体を冷やすことなくいただけるので、寒いときでもフルーツがたっぷり食べられます。

材料　4人分

りんごの赤ワインコンポート（P40参照）
──────────────── 1切れ（½個）
オレンジ ──────────────── ½個
いちご ──────────────── 4個
キウイフルーツ ──────────────── 1個
バナナ ──────────────── ½本
ぶどう（巨峰） ──────────────── 4個
りんごの赤ワインコンポートの煮汁
──────────────── 200㎖
水 ──────────────── 200㎖
使い終わったバニラビーンズのさや
──────────────── 1本
オレンジの皮 ──────────────── ½個分

作り方

① りんごのコンポートは2～4等分にカットする。オレンジは黄色い皮をそぎ落としてから残りの皮をむき、輪切りにする。いちごはへたを取る。キウイは両端を切り落として皮をむき、くし形切りにする。バナナはぶつ切りにする。ぶどうは皮をむく。

② 鍋にりんごのコンポートの煮汁と分量の水、使い終わったバニラビーンズのさや、オレンジの皮を入れて火にかけ、一煮立ちする。

③ 沸騰したらオレンジを加え、再び沸騰したら弱火にしてふたをして約3分煮る。

④ りんごのコンポート、いちご、キウイ、バナナ、ぶどうを加え、再び煮立ったら火を止めてふたをし、2～3分蒸らす。

りんごの赤ワインコンポートをたっぷり詰めたアップルパイは、カットした断面がとってもきれい。アップルパイにはいろいろなレシピがあるけれど、赤ワイン風味のアップルパイって、おしゃれで特別な気分を味わえるのが魅力です。

Arrange

Apple pie

アップルパイ

材料　直径21cmの浅いパイ皿1台分

[フィリング]
りんごの赤ワインコンポート（P40参照）
―――――――――――――― 500g
A ┌ コーンスターチ ――――― 25g
  │ カルバドス ―――――― 大さじ1
  │ ○ フランス・ノルマンディー地方でつくら
  │   れるりんごの蒸留酒。
  └ レモン果汁 ―――――― 大さじ1
りんごの赤ワインコンポートの煮汁
―――――――――――――― 130㎖
グラニュー糖 ――――――――― 65g
シナモンスティック ―――――― 1本

[パイ生地]
薄力粉 ―――――――――――― 120g
強力粉 ―――――――――――― 120g
塩 ――――――――――――――― 4g
バター（食塩不使用）―――――― 180g
冷水 ――――――――――――― 100g

[仕上げ]
溶き卵 ――――――――――― 適量

下準備

・りんごの赤ワインコンポートの果肉は汁けをよくきる。4等分のくし形切りにしてから、2〜2.5cm幅のいちょう切りにし、ざるに入れて使う直前まで自然に汁けをきる。
・Aのコーンスターチはカルバドスとレモン果汁で溶く。
・オーブンは180℃に予熱する。

作り方

① [フィリング]　片手鍋にりんごのコンポートの煮汁とグラニュー糖、半分に折ったシナモンスティックを入れて火にかけ、一煮立ちしたらAを加える。再びふつふつと煮立ってとろみがついたら、木べらで混ぜながら全体が透明になるまで煮詰め、火から下ろす。

② ボウルに汁けをきったりんごのコンポートを入れ、①を加えてⒶ全体を混ぜ合わせ、表面にラップをぴったりかけて粗熱を取り、冷蔵庫でよく冷やす。
‖ シナモンスティックはパイに詰めるときに取り出す。

③ [パイ生地]　マシュマロレモンパイ（P32）の作り方①〜②参照。ただし、分量は倍量で作る。

④ [仕上げ]　台に打ち粉（強力粉／分量外）をし、③を冷蔵庫から出してラップをはずして置き、ナイフで2等分にカットする。一つはラップにくるんで冷蔵庫に入れ、残りの生地はめん棒で3mm厚さ×パイ皿の直径よりもひとまわり大きくのばす。

⑤ パイ皿に④を敷き込み、②を詰める。生地の縁の部分に溶き卵を塗り、もう一枚のパイ生地を同様にのばして上にのせ、しっかりとはりつける。パイ皿からはみ出した余分な生地はナイフで切り落とす。

⑥ 切り落としたパイ生地を集めてもう一度のばし、クッキーの抜き型でAPPLE PIEと抜く。

⑦ ⑤の縁を指でつまんで模様をつけ、表面にフォークで空気穴をあけ、溶き卵を全体に塗る。⑥をはりつけ、180℃のオーブンで1時間〜1時間10分焼く。粗熱を取り、パイ皿からはずす。

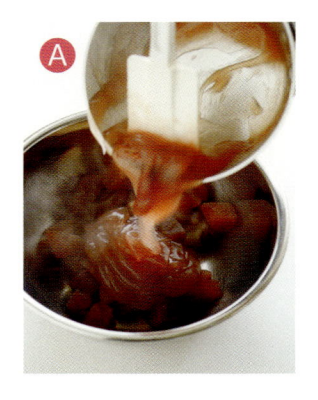

Base

Confiture de figues

いちじくのコンフィチュール

口の中でプチプチッと弾けるようないちじくの食感と独特の風味。フレッシュのときよりも火を入れたほうが味の輪郭がはっきりします。だからコンフィチュールの中でも、いちじくは私の好きなランキングベスト3に入ります。

20cmのラウンド

材料　でき上がり約780g

いちじく		750g(7～8個)
A	グラニュー糖	300g
	バニラビーンズ	1本
	レモン果汁	1個分
	白ワイン	50ml
ブランデー		大さじ2

作り方

① いちじくは水で洗ってペーパータオルで水けを拭き、6～8等分に切って皮をむく。
② 鍋に①とAを入れてよく混ぜ合わせ、室温に30分～1時間おいて、いちじくから水分を出す。火にかけ、一煮立ちしたらアクを取り、吹きこぼれない程度の強火にする。
③ 再び煮立ったらアクを取り、焦げつかないように混ぜながら15～20分煮詰める。果肉が煮くずれてとろみがついてきたらブランデーを加え、火を止める。

Arrange

Soufflé à la banane avec confiture de figues

いちじくとバナナのスフレ

いくつかのフルーツを組み合わせて楽しむのが好きですが、いちじくはバナナとの組み合わせが絶品！ マイブームになるほど気に入っています。

10cmのラウンド

材料　10cmのラウンド3個分

いちじくのコンフィチュール（P44参照）	60g
バナナ	1本（100〜130g）
牛乳	約50mℓ
グラニュー糖 a	5〜10g

○　バナナの甘さによって調節する。

薄力粉	30g
卵黄	3個分
バター（食塩不使用）	15g
卵白	3個分
グラニュー糖 b	40g

下準備

・鍋の内側にバター（食塩不使用／分量外）を薄く塗り、グラニュー糖（分量外）をまんべんなくふりかけ、余分なグラニュー糖はふり払う。
・オーブンは200℃に予熱する。

作り方

① バナナはハンディブレンダー（またはフォークの背）で混ぜてなめらかなピューレ状にし、牛乳と合わせて180mℓにする。
② ボウルにグラニュー糖 a と薄力粉を入れ、泡立て器でさっと混ぜ合わせる。①から大さじ1を加えてさっと混ぜ、卵黄を加えて混ぜ合わせる。
③ 片手鍋に残りの①を入れて火にかけ、沸騰直前まで温める。
④ ③の一部を②のボウルに加え、手早く混ぜ合わせたら③の鍋に戻し、中火にかける。絶えず混ぜながら全体にとろみがついてクリーム状になるまで火を入れ、クリームがぷくぷくと煮立ったら火から下ろし、バターを加えて余熱で溶かして混ぜる。いちじくのコンフィチュールの1/2量を加えて混ぜ合わせる。
⑤ 別のボウルに卵白とグラニュー糖 b を入れ、ハンドミキサーで角が立って少しおじぎをするくらいのメレンゲを作る。
⑥ ④に⑤の1/3量を加えて泡立て器でざっくりと混ぜ、8割方混ざったら残りのメレンゲを2回に分けて加え、全体に混ぜ合わせる。ゴムべらにかえてさらにしっかり混ぜ合わせる。
⑦ 準備した鍋に残りのいちじくのコンフィチュールを等分に入れ、⑥を流し入れて表面を平らにし、鍋の縁の生地を指でぬぐう。
⑧ 200℃のオーブンで5分、180℃に下げて15〜20分焼く。

ふんわりとしてほのかに甘いパン生地にカルダモンで風味づけ。いちじくのコンフィチュールとたっぷりのシナモンを巻いて焼き上げ、レモングレーズをかけてでき上がり。私は少し温めて食べるのが好きです。

Arrange

Fig & spice monkey bread

いちじくとシナモンのモンキーブレッド

20cmのラウンド

材料　20cmのラウンド1台分

[パン生地]

A
- 強力粉 ———————— 150g
- 薄力粉 ———————— 150g
- ドライイースト ———— 3g
- グラニュー糖 ———— 30g
- 塩 ———————————— 3g
- カルダモンパウダー — 小さじ½

牛乳 ———————————— 100㎖
プレーンヨーグルト ———— 50g
溶き卵 ———————— ½個分（30g）
バター（食塩不使用）a ——— 60g
バター（食塩不使用）b ——— 20g
いちじくのコンフィチュール（P44参照）
———————————————— 大さじ5
シナモンパウダー ———— 小さじ1½

[レモングレーズ]

レモン果汁 ———————— 20㎖
粉糖 ———————————— 90〜120g
食用色素（赤） ———————— 適宜

作り方

① [パン生地]　ボウルにAを入れてさっと混ぜ合わせ、牛乳、ヨーグルト、溶き卵を加えて、生地をひとまとめにする。
② 生地をこねてなめらかな状態にしたら、バターaを少しずつ加えてこねながら、さらになめらかな生地にする。生地をひとまとめにしてボウルに移し、ラップをしてぬれぶきんをかぶせ、28〜30℃の場所で一次発酵させる（約1時間）。
③ 生地を台に打ちつけて（パンチ）空気抜きをし、打ち粉（強力粉／分量外）をした台に移してめん棒で長方形にのばす。溶かしバターb、いちじくのコンフィチュールを順にはけで塗り、シナモンパウダーをふる。
④ 生地を手前からくるくると巻き、巻き終わりを指でつまんでとじる。生地を7等分にし、準備した鍋に並べ入れ、ふたをして28〜30℃の場所で二次発酵させる（30〜40分。生地が1.5倍くらいに膨らむのが目安）。
⑤ 200℃のオーブンで約20分焼き、型紙ごと鍋から出す。
⑥ [レモングレーズ]　ボウルにレモン果汁を入れ、粉糖を少しずつ加えながら混ぜる。なめらかなクリーム状になったらⒷ、好みで食用色素を加えて着色する。
⑦ [仕上げ]　⑤に⑥をジグザグにかける。

下準備

- バターaは室温に戻す。
- パン生地の牛乳は温めてヨーグルトを加え、人肌くらいの温度にする。
- バターbは湯せん（または電子レンジ）で溶かす（溶かしバター）。
- オーブンシートを直径35cmの円形にカットし、縁に数ヵ所切り込みを入れた型紙を用意して、鍋の内側に敷くⒶ。
- オーブンは200℃に予熱する。

Base

Marrons confits, rhum et vanille

栗のシロップ煮・ラム＆バニラ風味

22cmのラウンド

材料　作りやすい分量

栗	1kg
重曹	大さじ2
使い終わったバニラビーンズのさや	2〜3本

○ ない場合はバニラビーンズ1本。

きび砂糖	900g
ラム酒 Ⓐ	80〜100mℓ

○ さとうきびからつくった香り豊かな蒸留酒。

作り方

① 栗は鬼皮ごとさっと水洗いする。

② 鍋にたっぷりの湯を沸かし、①を入れて火を止め、そのままゆっくり粗熱を取る。手で触れるくらいに冷めたら鬼皮をむく。

‖ むいた栗は水につける。乾燥させると割れやすいので注意を。

③ 鍋に②を入れ、ひたひたにつかるくらいの水と重曹大さじ1を入れて火にかける。一煮立ちしたら火を弱め、鍋中で栗が踊らないようにして10〜15分煮る。

‖ 浮いてくるアクはこまめに取り除きながら煮る。

④ 栗を傷つけないように湯を捨てて流水で洗い、再び鍋に入れてひたひたにつかるくらいの水と重曹大さじ1を加えて火にかけ、③の作業を繰り返す。

⑤ 湯を捨てて再び流水で洗ったら、再び鍋に入れ、ひたひたにつかるくらいの水を加えて火にかけ、沸騰したら弱火にして約10分、アクを取りながら煮る。

⑥ 鍋に水道水を入れながら冷まし、手で触れるくらいになったら、栗に残っている太い筋を取り除きながら、一つずつていねいに水洗いする。

⑦ 鍋に水1ℓと⑥、バニラビーンズのさやを入れて火にかけ、沸騰したらきび砂糖を加える。再び鍋はだのほうから煮立ちはじめたら、沸騰させない程度の極弱火にして約20分煮る。

⑧ ラム酒を加え、再び温まったら火を止め、そのままゆっくり粗熱を取って栗に味をしみ込ませる(一晩くらい)。

‖ 冷蔵庫に入れない。

⑨ 翌日、栗を取り出し、シロップだけが残った鍋を火にかけ、煮立たせながら⅔程度の量になるまで煮詰める。消毒した保存容器や瓶に栗を入れ、シロップを加えて保存する。

‖ 冷蔵庫で約1年間は保存可能。

たっぷりのお酒とバニラの香りをきかせた渋皮煮です。砂糖の量が多めなので、雑菌さえ入れなければ1年は冷蔵庫で保存できます。栗の季節は短いので、旬の間にたっぷり作っておくとそのまま食べたり、お菓子に利用できて便利です。

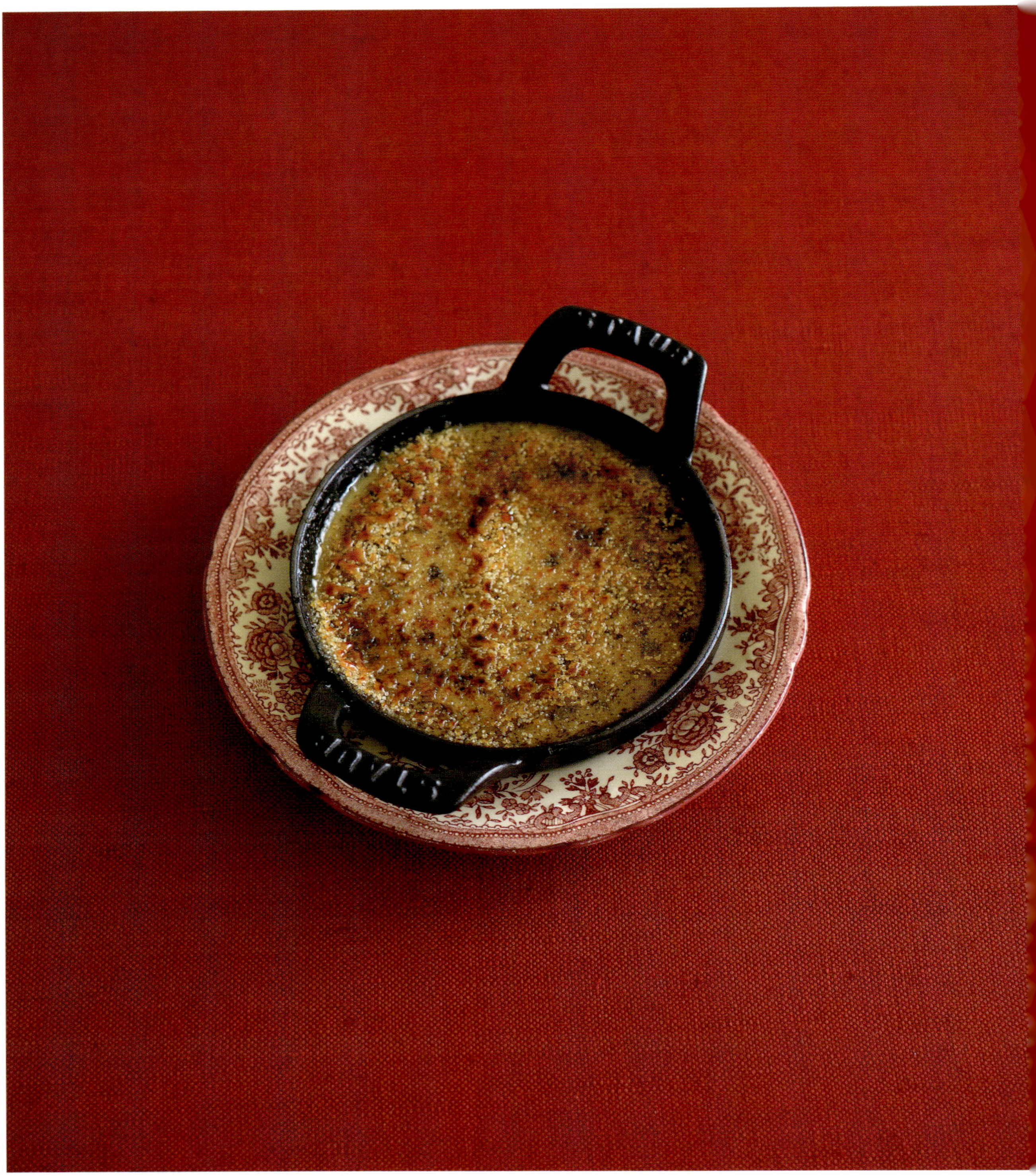

Arrange

Crème brûlée au marron-café

クレームブリュレ・マロンカフェ

ミニラウンドディッシュ

栗のシロップ煮を作ると途中で皮の破けるものが必ず出てきます。そんな破け栗を使って作りましょう。コーヒーと栗の組み合わせは、ちょっと大人っぽい味に仕上がるので、ぜひ試していただきたいレシピです。

材料　ミニラウンドディッシュ4個分

栗のシロップ煮（P48参照）	100g
生クリーム	300㎖
グラニュー糖	15g
卵黄	3個分
エスプレッソ用コーヒー（粉末）	大さじ1
カソナード	適量

下準備

・オーブンは100～120℃に予熱する。

作り方

① 小鍋に生クリームを入れて火にかけ、沸騰直前になったら火から下ろす。
② 栗のシロップ煮は破けた皮を取り除き、包丁でたたいて粗いミンチ状のペーストにする。
③ ボウルに②とグラニュー糖を入れて混ぜ合わせる。卵黄を1個ずつ加え、そのつどよく混ぜ合わせる。①の生クリームを少しずつ加えて溶きのばしながら混ぜる。
④ エスプレッソ用のコーヒーを加えて混ぜ、ミニラウンドディッシュに流し入れる。100～120℃のオーブンで25～30分焼き、粗熱を取ってから冷蔵庫で1～2時間冷やす。
⑤ 表面にカソナードを均一の厚さにふり、ガスバーナー（あれば焼きごて）でキャラメリゼする🅐。

Arrange

Potage aux marrons avec tartine de pistache

マロンのポタージュ・ピスタチオのタルティーヌ添え

レストランでいただいた「マロンのポタージュ」をヒントにして考えたのがこれ。それは塩味でしたが、甘くてもおいしそうと思ったのです。クルトンの代わりに、ピスタチオをたっぷりのせたタルティーヌを添え、お料理っぽく仕上げました。

下準備

- バターは湯せん（または電子レンジ）で溶かす（溶かしバター）。
- オーブンは110℃に予熱する。

材料　4人分

栗のシロップ煮（P48参照） ──── 80g（3〜4個）
栗のシロップ煮のシロップ ──── 大さじ1
牛乳 ──── 300ml
バゲット（5mm厚さ） ──── 4枚
バター（食塩不使用） ──── 適量
グラニュー糖 ──── 適量
ピスタチオの粗みじん切り ──── 30g
塩 ──── 少々
オレンジの皮のすりおろし ──── 適量

作り方

① バゲットは110℃のオーブンで約15分、焼き色をつけない程度に焼き、溶かしバターを薄く塗る。ピスタチオをのせ、グラニュー糖、塩をふり、150℃のオーブンで約10分焼いて冷ます。

② 片手鍋に栗のシロップ煮、シロップ、牛乳を入れ、ハンディブレンダーでピューレ状にして火にかけ、沸騰直前まで温めてこし器でこす。

③ 器に盛ってオレンジの皮をふり、栗のシロップ煮（分量外）を飾って①を添える。

Arrange

Financier moelleux aux marrons confits

マロンのモワルーフィナンシェ

「モワルー」は柔らかいという意味。この生地は口溶けがいいので、焼きたてでも冷えた状態でもおいしいのが魅力です。焼きたてにアングレーズソースを添えて食べるとやみつきに。栗のシロップ煮が大活躍するレシピです。

下準備

- 型にバター(食塩不使用/分量外)を薄く塗り、強力粉(分量外)をまんべんなくふりかけ、余分な粉はふり払う。
- オーブンは190℃に予熱する。

材料　5×8cmの楕円の焼き型12個分

栗のシロップ煮(P48参照)	9個
スイートチョコレート	120g
バター(食塩不使用)	120g
卵白	3個分
アーモンドパウダー	120g
粉糖	60g

作り方

① 栗のシロップ煮は4等分にカットし、ペーパータオルで汁けを取る。
② ボウルにチョコレートとバターを入れ、湯せんにかけて溶かし、人肌くらいの温度になるまで冷ます。
③ ②に卵白を加え、泡立て器で泡立てないように混ぜ合わせる。アーモンドパウダーと粉糖を混ぜ合わせたものをふるい入れ、同様にして混ぜ合わせる。
④ 準備した型に流し入れて①をのせ、190℃のオーブンで約10分焼く。

Base

Ananas à l'étuvée au thym

パイナップルのエチュベ・タイム風味

22cmのラウンド

パイナップル自身の水分を引き出して蒸し煮にするので、ストウブの鍋だと味がぎゅっと凝縮されておいしさが際立ちます。タイムはお料理では定番のハーブですが、パイナップルに合わせると爽やかな風味がプラスされてワンランク上の味わいになります。

材料　作りやすい分量

パイナップル	1個（正味約900g）
水	200mℓ
はちみつ	50g
レモンの薄切り	3〜4枚
タイム	2〜3枝
ブランデーⓐ	大さじ2

○ 果実からつくった蒸留酒。

下準備

・オーブンは180℃に予熱する。

作り方

① パイナップルは上下を切り落として立て、皮をそぎ落とす。茶色いプチプチした部分が残るが、これは螺旋状（らせん）に規則正しく並んでいるので、パイナップルを寝かせてこのプチプチに沿って包丁でV字に切り込みを入れて取り除くⒷ。8等分にカットして芯を取り、2〜3cm厚さのいちょう切りにする。

② 鍋に分量の水とはちみつを入れて火にかけ、一煮立ちしたら①を加え、レモンとタイムをのせてふたをし、180℃のオーブンで約35分、蒸し煮にする。

③ オーブンから出してブランデーを回しかけ、再びふたをして約5分蒸らしたのち、ふたを取って粗熱を取る。

「エチュベ」とは？

少ない水分で蒸し煮したものをこう呼びます。ストウブの鍋で作ると素材の水分もしっかり引き出せるのでエチュベにはぴったりです。ほかにも蒸し煮を意味するフランス語には「ブレゼ」「エトゥフェ」などがあります。

55

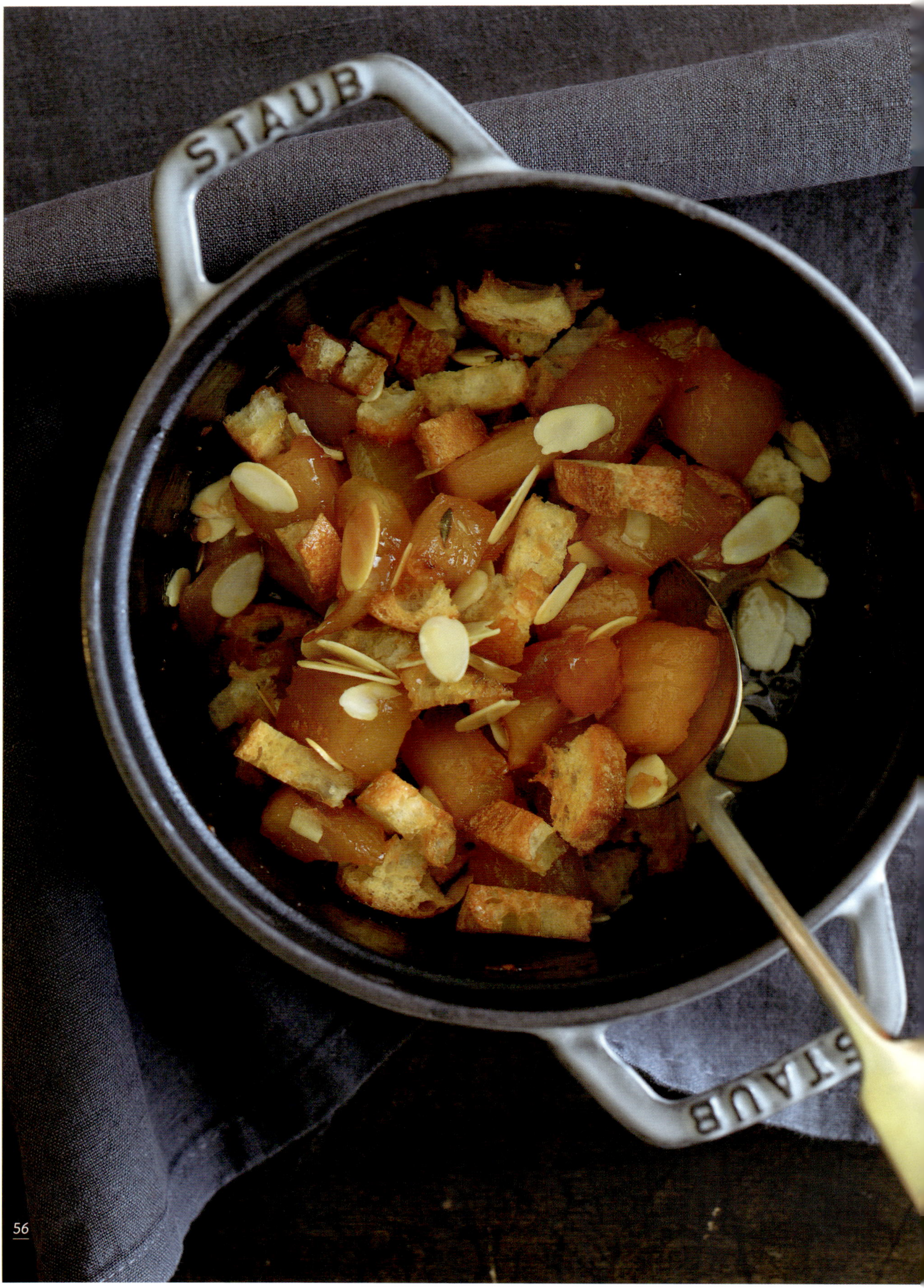
STAUB
STAUB

Arrange

Pineapple brown betty

パイナップルのブラウンベティ

16cmのラウンド

ブラウンベティはアメリカンスイーツ。フルーツをキャラメリゼしたものに、パン粉を使ったクラストをふりかけて焼いたものです。パイナップルとバゲットとナッツ、それぞれの違った歯応えを楽しんでください。

材料　3〜4人分

パイナップルのエチュベ（P54参照）	300g
グラニュー糖	50g
生クリーム	40ml
しょうがの絞り汁	大さじ1
バゲット	約50g
ブラウンシュガー	大さじ2
バター（食塩不使用）	40g
アーモンドスライス	20g

下準備

・オーブンは180℃に予熱する。

作り方

① パイナップルのエチュベは、ペーパータオルで汁けを取る。

② 鍋にグラニュー糖を入れて火にかけ、砂糖が焦げてキャラメル色になったら①を加え、木べらで混ぜ合わせる。全体がキャラメル色に染まったら生クリームを加え、絶えず混ぜながらソースにとろみがつくまで煮詰める🅐。しょうがの絞り汁を加えてさっと混ぜ、火を止める。

③ バゲットは1cm厚さにスライスし、軽くトーストしてカリッとさせる。粗くちぎり、ブラウンシュガーをふって全体をさっと混ぜ合わせる。

④ ②の鍋に③をのせ、小さく刻んだバターを散らし、アーモンドスライスをふって180℃のオーブンで25〜30分焼く。

⑤ オーブンから出したら、全体をさっと混ぜ合わせて食べる。

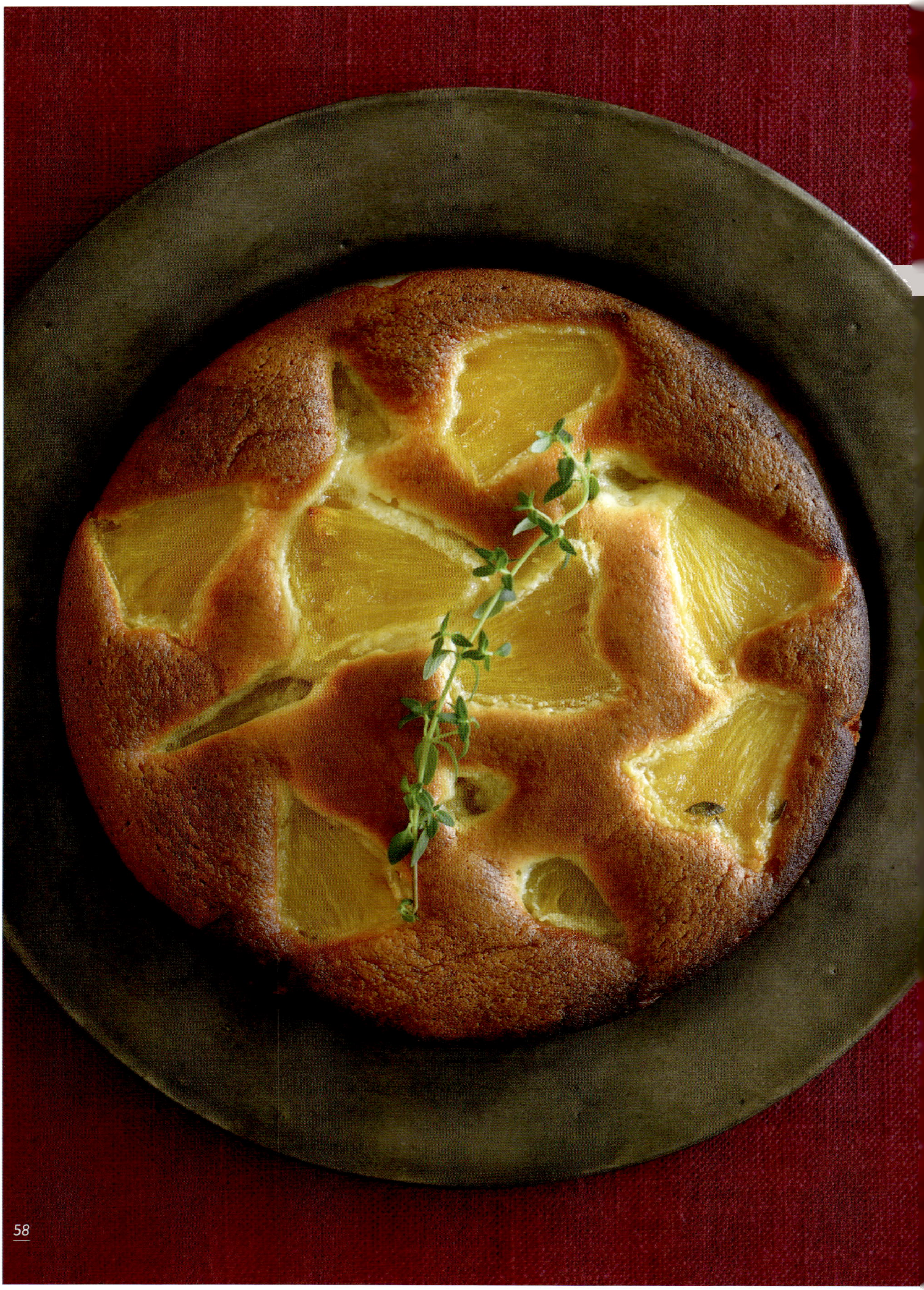

Arrange

Gâteau à l'ananas
パイナップルのケイク

20cmのラウンド

アーモンド風味のしっとりとした生地にパイナップルのエチュベをのせて焼き上げます。焼き上がって少しおいた温かい状態でも冷めた状態でも、どちらでもおいしいのですが、私は温かいケイクにバニラアイスを添えるのが好きです。

材料　20cmのラウンド1台分

アーモンドパウダー	120g
粉糖	120g
卵白	1個分
タイムの葉	1枝分
卵	1個
卵黄	1個分
マーマレード	大さじ1
薄力粉	40g
バター（食塩不使用）	60g
パイナップルのエチュベ（P54参照）	8切れ
エチュベの煮汁	適量
タイム	1枝

下準備

- オーブンシートを直径35cmの円形にカットし、縁に数ヵ所切り込みを入れた型紙を用意して、鍋の内側に敷く。
- 卵と卵黄は混ぜ合わせる（卵液）。
- バターは湯せん（または電子レンジ）で溶かす（溶かしバター）。
- オーブンは180℃に予熱する。

作り方

① ボウルにアーモンドパウダーと粉糖をふるい入れて混ぜ、卵白とタイムの葉を加えて、ハンドミキサーで全体をなじませる。

② 卵液を数回に分けて加え、そのつどハンドミキサーでよく混ぜ合わせる🅐。白っぽくてもったりとした生地になったらマーマレードを加え、混ぜ合わせる。

③ 薄力粉を加え、ゴムべらでさっくりと混ぜる。粉っぽさがなくなったら、少量を溶かしバターのボウルに加えて泡立て器で混ぜる🅑。乳化したら、ボウルに戻し入れて混ぜ合わせる。

④ 準備した鍋に③を流し入れて均一に広げ、表面にパイナップルのエチュベを並べて、180℃のオーブンで30～35分焼く。器に盛り、熱いうちにエチュベの煮汁をはけでさっと塗り、タイムを飾る。

Base

Soupe aux haricots mungos

緑豆のスープ

`20cmのラウンド`

しょうがときび砂糖の風味をきかせた緑豆のスープです。お豆を炊くって少しがんばっている気分になりますが、緑豆の場合は煮上がるのに時間がかからないので、とってもラク。ストウブの鍋でほっこりと炊き上げましょう。

材料　でき上がり約900㎖

緑豆（乾燥）	120g
しょうがの薄切り	1かけ分
水	600㎖
きび砂糖	240g

作り方

① 緑豆は水で洗い、たっぷりの水（分量外）に一晩つける。
② 鍋に分量の水としょうがを入れて火にかけ、沸騰したら水けをきった緑豆を加える。再び煮立ったらアクを取り、弱火にして（豆が踊らない程度）ふたをし、豆が柔らかくなるまで15〜20分煮る。
　‖ 途中浮き上がってきた豆の皮は取り除く。
③ きび砂糖を加え、砂糖が完全に溶けたら火を止める。しょうがを取り出してそのまま冷まし、味をしみ込ませる。

Arrange

Cigares aux haricots mungos

緑豆のシガール

緑豆スープを煮詰めて緑豆あんを作ります。オーブントースターで焼き上げるので、揚げるよりもヘルシー。外はパリッ、中はしっとりでスナック感覚で食べられるお菓子です。

下準備

・バターは湯せん（または電子レンジ）で溶かす（溶かしバター）。

材料　10本分

[緑豆あん（でき上がり約250g）]
緑豆のスープ（P60参照）　———　400㎖

[仕上げ]
春巻きの皮　———　10枚
水溶き片栗粉　———　大さじ2
　○　片栗粉大さじ1＋水大さじ1。
バター（食塩不使用）　———　約50g
粉糖　———　適量

作り方

① [緑豆あん]　鍋に緑豆スープを入れて火にかけ、木べらで豆をつぶしながら水分をとばす。もったりとしたあんこ状に炊き上がったら火から下ろして粗熱を取る。

② [仕上げ]　春巻きの皮に①をのせて巻きⒶ、巻き終わりを水溶き片栗粉で留める。溶かしバターを表面にたっぷりと塗り、オーブントースターで全体がきつね色になるまで焼き、粉糖をふる。

62

Arrange

Soupe aux haricots mungos avec shiratama et poire

白玉と洋梨のエスニックぜんざい

白玉だんご、さっと煮た洋梨、香ばしくローストしたナッツ、柔らかく炊いた緑豆と、いろいろな歯応えと風味が味わえます。さらに口の中で渾然一体となった味わいも格別。口に入れるたびに小さな感動があります。

材料　4人分

白玉粉	50g
洋梨	小1個
水	45㎖
緑豆のスープ(P60参照)	400㎖
ナッツ（カシューナッツやくるみなど好みで）	適量
針しょうが	適量

下準備

・ナッツは160℃のオーブンで約10分ローストする。

作り方

① 洋梨は皮をむいて8等分のくし形切りにし、芯を取る。
② ボウルに白玉粉を入れ、分量の水を少しずつ加えて指で白玉粉をつぶしながらまとめる。
③ 鍋にたっぷりの湯を沸かして②を一口大に丸めて入れ、だんごが浮いてきたら、そこから約1分ゆで、ぬるま湯をはったボウルに移す。
④ 別の鍋に緑豆のスープを入れ、洋梨を加えてふたをし、5〜10分煮る。
⑤ ④を器に盛り③とナッツ、針しょうがを添える。

Arrange

Cupcake vapeur aux haricots mungos et au coco

緑豆あんとココナッツの蒸しカップケーキ

おまんじゅうのような小さな蒸しケーキ。蒸し上がりのアツアツをぜひ食べてください。冷めると固くなるので、もう一度蒸し直すかラップにくるんでレンジで温め直してどうぞ。トースターで軽く焼いてもおいしいですよ。

下準備

- 緑豆あんをP61の作り方①と同様にして作り、80gを用意する。
- マフィン型に紙カップをセットする。

材料
直径5.5cmのミニマフィン型8個分

緑豆あん（P61参照） ─── 80g

[生地]
牛乳 ─── 120ml
米粉 ─── 50g
もち粉 ─── 30g
ベーキングパウダー ─── 小さじ1
上白糖 ─── 10g

[仕上げ]
ココナッツパウダー ─── 30g

作り方

① 緑豆あんは10gずつに分けて丸める。
② [生地] ボウルに牛乳以外の材料をすべて入れ、泡立て器で混ぜ合わせる。牛乳を少しずつ加えてそのつどよく混ぜる。
③ [仕上げ] 準備したミニマフィン型に②の½量を流し入れて①をのせ、残りの②を流し入れて Ⓐ、ココナッツパウダーを散らす。
④ 蒸気の上がった蒸し器に入れて、約10分蒸す。

Chapitre 03
いろいろなストウブで作る
あったかいお菓子

ストウブにはピコ・ココットだけでなく、いろいろな形の鍋がたくさんあります。ここではそんな鍋を使ったお菓子をご紹介します。サイズも形もさまざまなので、お好みの鍋でぜひ、チャレンジしてみてください。

パンペルデュ（フレンチトースト）

たっぷりの卵液を時間をかけてしみ込ませたパンは、表面をこんがりと焼き、中のアパレイユにはゆっくり、しっかり火を通します。焦がしたバターの香りとやさしい卵の香りがダブルで楽しめると、なぜか幸せな気持ちになれます。

トロピカルパンプディング

私の妄想の世界でこんなレシピが誕生しました。イメージはかつてイギリスの植民地だったアジアのある国の高級ホテルの朝食のメニュー。作って食べてみるときっと納得していただけるのでは？　そうだったらうれしいなと、心弾ませてご紹介します。

Pain perdu

パンペルデュ（フレンチトースト）

>> ラウンドホットプレート

材料　2人分

食パン（4cm厚さ）	2枚
○　好みのパンでよい。	
卵	2個
きび砂糖	50g
A　牛乳	200mℓ
生クリーム	50mℓ
ブランデー	大さじ1
使い終わったバニラビーンズのさや	½本
バター（食塩不使用）	15g
グレープシードオイル	小さじ2
メープルシロップ（またははちみつ）	適量

作り方

① ボウルに卵ときび砂糖を入れ、泡立て器で混ぜ合わせる。Aを加えてよく混ぜ、バニラビーンズのさやを加えて香りを移す。

② 食パンは耳を切り落とし（好みで）、半分に切ってバット（または密閉容器）にのせ、①を流しかける。ときどきパンを返しながら、6時間から一晩ゆっくりと卵液をしみ込ませる🅐。

③ 鍋にバターとグレープシードオイルを入れて中火にかけ、バターが溶けたら②を入れて表面にこんがりと焼き色がつくまで焼く。

④ ふたをして180℃のオーブンで約5分、ふたをはずしてさらに約5分焼く。

⑤ 器に盛り、メープルシロップをかける。

下準備

・オーブンは180℃に予熱する。

Tropical bread and butter pudding

トロピカルパンプディング

ミニラウンドディッシュ
ミニオーバルディッシュ

材料　4人分

ドライマンゴー	25g
ドライパイナップル	30g
ドライキウイフルーツ	20g
ラム酒(白)	大さじ2
食パン(8枚切り)	4枚
バター(食塩不使用)	適量
卵	2個
A　牛乳	200mℓ
ココナッツミルク	200mℓ
グラニュー糖	60g
バニラビーンズ	½本
コンデンスミルク	適量

下準備

・鍋の内側にバター(食塩不使用/分量外)を薄く塗る。
・オーブンは160℃に予熱する。

作り方

① ドライフルーツ類Aはそれぞれ食べやすい大きさにカットしてラム酒をふり、ラップを表面にぴったりとかけて、一晩つけ込んでふやかす。

② 食パンは軽くトーストしてバターを薄く塗る。

③ ボウルに卵を割り入れ、泡立て器で卵のコシを切るように溶きほぐす(泡立てないように注意!)。

④ 小鍋にAとさやからしごき出したバニラビーンズを入れて火にかけ、砂糖が溶けるまで温める(沸騰させなくてよい)。

⑤ ③のボウルに④を加え、全体を混ぜ合わせてこし器でこす。①を加えて混ぜ、室温で30分くらい休ませてドライフルーツの香りを移す。

　こうすることでドライフルーツが少し水分を吸って、焦げにくくなる。

⑥ 準備した鍋にパンをそれぞれ4等分して並べ、⑤を流し入れるB。しばらくおいてパンに卵液をしっかりとしみ込ませる。160℃のオーブンで約30分焼く。

⑦ 食べるときにコンデンスミルクをかける。

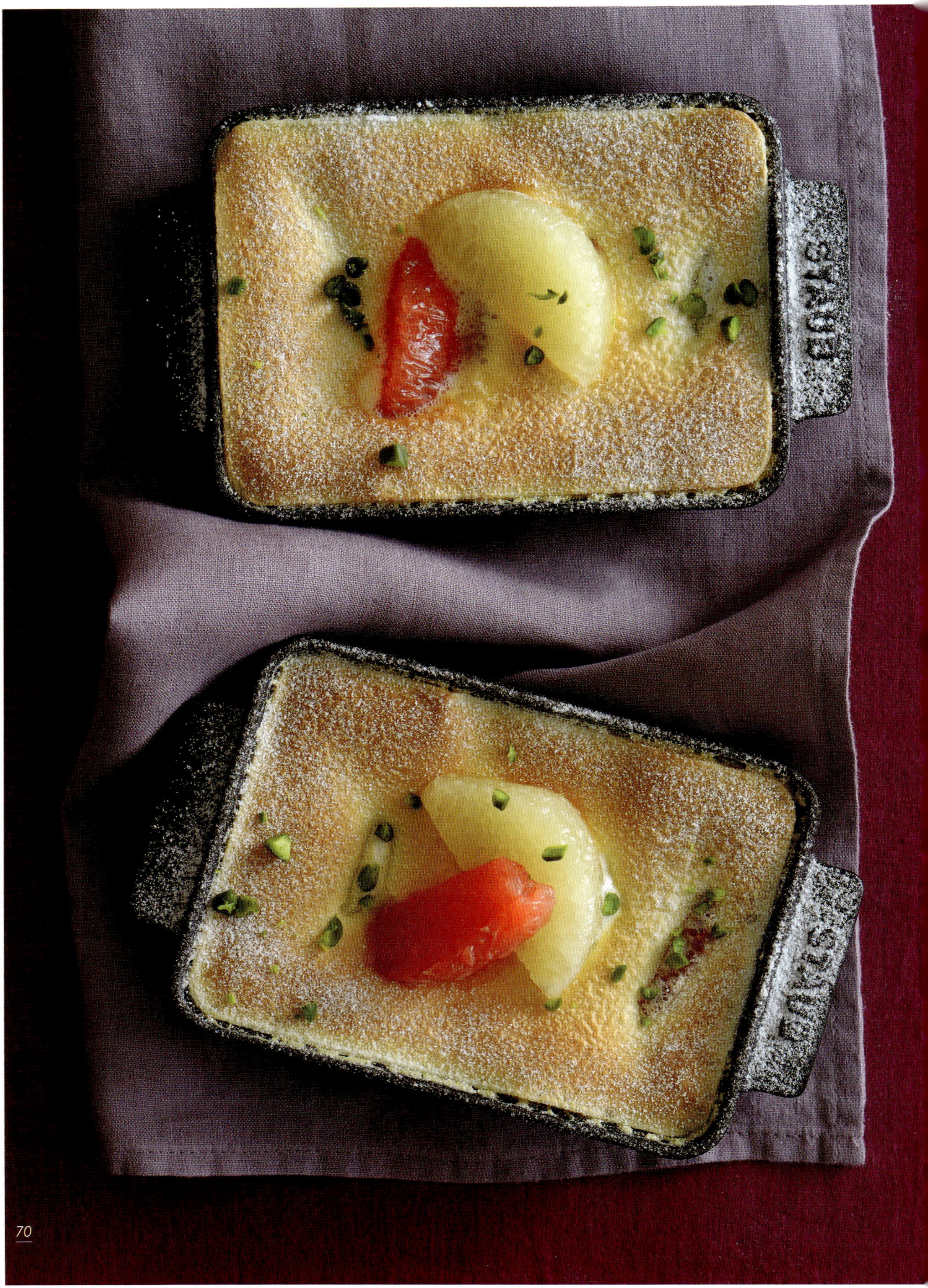

Sabayon de pamplemousses

グレープフルーツのザバイオーネ

ミニレクタンギュラーディッシュ

ザバイオーネというイタリア・ピエモンテでおなじみのデザートです。軽くてふわふわなところが大好き。いろいろなフルーツでできますが、私のお気に入りはグレープフルーツ。ほかに巨峰やいちごなどでもOK。

材料
ミニレクタンギュラーディッシュ 3個分

グレープフルーツ（ルビー・ホワイト）	各1個
卵黄	3個分
グラニュー糖	40g
白ワイン	20㎖
オレンジフラワーウォーター Ⓐ	30㎖
○ オレンジの花を水蒸気で蒸留したもの。	
粉糖	適量
ピスタチオの粗みじん切り	適量

下準備
・オーブンは220℃に予熱する。

作り方
① グレープフルーツは房から果肉を取り出す。飾り用にそれぞれ3房ずつ取り分けておく。
② ボウルに卵黄とグラニュー糖を入れ、湯せんにかけながら泡立て器で混ぜ、もったりとしてくるまで泡立てる。白ワインとオレンジフラワーウォーターを少しずつ加えて混ぜ、泡立て器を持ち上げたとき、リボン状に落ちるまでⒷ泡立てる。
③ ボウルを湯せんからはずし、氷水をはった別のボウルに当てながら、完全に冷めるまで泡立て続ける。
④ レクタンギュラーディッシュに③を流し入れ、グレープフルーツを並べて粉糖をふる。220℃のオーブンで8～10分焼く。
⑤ オーブンから出して再び粉糖をふり、飾り用のグレープフルーツをのせ、ピスタチオを飾る。

ガレット・デ・ロワ風のパイ。ガレット・デ・ロワはフランスの新年のお菓子で、紙の王冠がのって、中には陶製の小さな人形（フェーブ）が入っています。日本でもポピュラーになりましたが、少し残念なのは温かくないこと。ぜひ焼きたてか温め直して召し上がれ！

Almond cream pie

アーモンドクリームパイ

ラウンドホットプレート

材料　ラウンドホットプレート1台分

[パイ生地(作りやすい分量)]

A ┃ 薄力粉 ─────── 120g
　 ┃ 強力粉 ─────── 120g
　 ┃ 塩 ────────── 4g

バター(食塩不使用) ───── 180g
冷水 ──────────── 100mℓ

[アプリコットのフィリング(具)]

ドライアプリコット ───── 60g
ブランデー ──────── 30mℓ
アプリコットリキュール ── 15mℓ
○ あんずの香りのリキュール。
グラニュー糖 ──────── 5g
水 ──────────── 15mℓ

[シロップ]

グラニュー糖 ─────── 40g
水 ──────────── 40mℓ

[アーモンドクリーム]

バター(食塩不使用) ───── 70g
グラニュー糖 ─────── 90g
卵 ──────────── 1個
卵黄 ─────────── 1個分
アーモンドパウダー ──── 90g
強力粉 ───────── 15g
アプリコットのフィリングの汁
　───────── 大さじ1〜2

[仕上げ]

卵黄水 ───────── 適量
○ 卵黄1個分+水適量

下準備

・アーモンドクリームのバターは室温に戻し、卵と卵黄は混ぜ合わせる(卵液)。
・オーブンは200℃に予熱する。

作り方

① [パイ生地]　マシュマロレモンパイ(P32)の作り方①〜②参照。ただし、分量は倍量で作る。

② [アプリコットのフィリング]　ドライアプリコットは4〜6等分に粗く刻む。電子レンジ対応のボウルに残りの材料とともに入れ、ラップをして電子レンジで1分加熱する。そのまま粗熱を取って一晩ふやかす(冬場は室温、夏場は冷蔵庫で)。

③ [シロップ]　耐熱容器にグラニュー糖と分量の水を入れ、500Wの電子レンジで30〜40秒加熱して砂糖を溶かす。

④ [アーモンドクリーム]　ボウルにバターとグラニュー糖を入れ、泡立て器でなめらかなクリーム状になるまで混ぜる。卵液を3〜4回に分けて加え、そのつどよく混ぜて全体になじませる。

⑤ アーモンドパウダーと強力粉を混ぜ合わせて④に加え、泡立て器で粉っぽさがなくなるまで混ぜ合わせる。②のアプリコットをふやかした汁を加え、よく混ぜてから冷蔵庫に入れる。

⑥ [仕上げ]　台に打ち粉(強力粉／分量外)をし、①のパイ生地を冷蔵庫から出してラップをはずして置き、2等分にする。一つは直径23cmくらいの円形にめん棒でのばし、ラウンドホットプレートの底に敷き込む。

⑦ ⑥に⑤の½量を流し入れ、パレットナイフで厚さを均一に広げたら、②のアプリコットの汁けをペーパータオルなどで取って散らし、⑤の残りを流し入れて表面を平らにする。

⑧ パイ生地の縁にはけで卵黄水を塗り、残りのパイ生地を3〜4mm厚さにのばして上にかぶせ、生地を押さえてしっかりはり合わせる。縁からはみ出した余分な生地は、ナイフでカットする。

⑨ 表面に卵黄水を塗り、冷蔵庫に15分くらいおいて表面を乾かしてもう一度卵黄水を塗る。フォークで表面に格子模様を入れ、竹串をところどころに刺して空気穴を作る。

⑩ 200℃のオーブンで約15分、170℃にして50分〜1時間、表面に③のシロップを塗って再び200℃に上げて3〜5分焼く。オーブンから出して10〜15分落ち着かせ、カットして食べる。

りんごのアップサイドダウンケーキ

キャラメルの香りとりんごの酸味、そしてやさしいバターケーキの風味の組み合わせはオーソドックスですが、いつ食べてもしみじみとそのおいしさに魅了されます。そしてじょうずに作れたときの喜びはひとしおです。

クランベリーのヨーグルトサワーブレッド

イーストを使わないクイックブレッドです。ヨーグルトのおかげでカチカチになることなく、ざっくりと焼き上がります。それでも冷めると固くなるので、焼きたてか、もしくは温め直して食べてください。

Gâteau renversé aux pommes

りんごのアップサイドダウンケーキ

ケーキ&ブレッドパン

材料　ケーキ&ブレッドパン1台分

りんご	1個

[キャラメル]

上白糖 a	150g
水	大さじ1
熱湯	60㎖

[生地]

卵	3個
上白糖 b	120g
バニラビーンズ	1本
A ［アーモンドパウダー	150g
コーンスターチ	30g
薄力粉	75g
バター（食塩不使用）	100g
カルバドス A	大さじ3

○ フランス・ノルマンディー地方でつくられるりんごの蒸留酒。

卵白	1個分
上白糖 c	40g

下準備

- ケーキ&ブレッドパンの内側にバター（食塩不使用／分量外）を厚めに塗る。
- 生地のバターは湯せん（または電子レンジ）で溶かす（溶かしバター）。
- オーブンは160℃に予熱する。

作り方

① [キャラメル]　小鍋に上白糖 a と分量の水を入れて火にかけ、砂糖を焦がす。少し濃いめのキャラメル色になったら火を止め、分量の熱湯を注いで全体を混ぜ合わせ、熱いうちに準備したケーキ&ブレッドパンに流し入れてそのまま冷ます。

② りんごは皮をむいて半分に切る。へたと芯を除き、5㎜厚さのくし形切りにする。①の上に重なるように敷き込む。

③ [生地]　ボウルに卵と上白糖 b、さやからしごき出したバニラビーンズを入れ、直火（または湯せん）にかけて、絶えず泡立て器で混ぜながら40℃くらい（指を入れて温かいと感じるくらい）まで温める。火（または湯せん）から下ろし、ハンドミキサーで完全に冷めるまで泡立てる。

④ ③がもったりとして、ハンドミキサーの羽根を持ち上げたとき、リボン状にとろとろと落ち、生地の上でしっかり盛り上がるくらいになったらハンドミキサーを止めて、A を合わせてふるい入れ、粉っぽさがなくなるまで、ゴムべらでさっくりと混ぜ合わせる。

⑤ 溶かしバターのボウルに④の一部（ゴムべらで1〜2杯すくえる程度）とカルバドスを加えて湯せんにかけ、しっかりと混ぜ合わせる。再び④のボウルに戻し入れ、さっくりと混ぜ合わせる。

⑥ 別のボウルに卵白と上白糖 c を入れ、ハンドミキサーで泡立てて角が立つくらいしっかりしたメレンゲを作る。

⑦ ⑤に⑥を加え、ゴムべらでムラなく合わせ、②に流し入れる。

⑧ [仕上げ]　160℃のオーブンで40〜45分焼く。そのまま冷まし（手で触れるくらいまで）、器にひっくり返す。

Cranberry yogurt bread

クランベリーのヨーグルトサワーブレッド

ハーフテリーヌ

材料　ハーフテリーヌ1台分

A ┃ プレーンヨーグルト ──── 100g
　┃ 牛乳 ─────────── 35mℓ
　┃ グレープシードオイル ── 35mℓ
強力粉 ──────────── 70g
薄力粉 ──────────── 130g
ベーキングパウダー ───── 小さじ2
B ┃ グラニュー糖 ─────── 50g
　┃ 塩 ──────────── 小さじ¼
　┃ ドライクランベリー ─── 60g

下準備

・ ハーフテリーヌの内側にバター（食塩不使用／分量外）を塗り、強力粉（分量外）をふって余分な粉をふり払う。
・ オーブンは190℃に予熱する。

作り方

① ボウルにAを入れ、よく混ぜ合わせる。
② 別のボウルに粉類をふるい入れ、Bを加えて全体をよく混ぜ合わせる。①を加え、ゴムべらでざっくりと混ぜてひとまとめにする（べちゃっとした状態）。
③ 準備したハーフテリーヌに②を流し入れ、グレープシードオイル（分量外）をはけで薄く塗り、ナイフで生地の中央に1cm深さの切り込みをまっすぐに入れる。190℃のオーブンで40〜45分焼く。

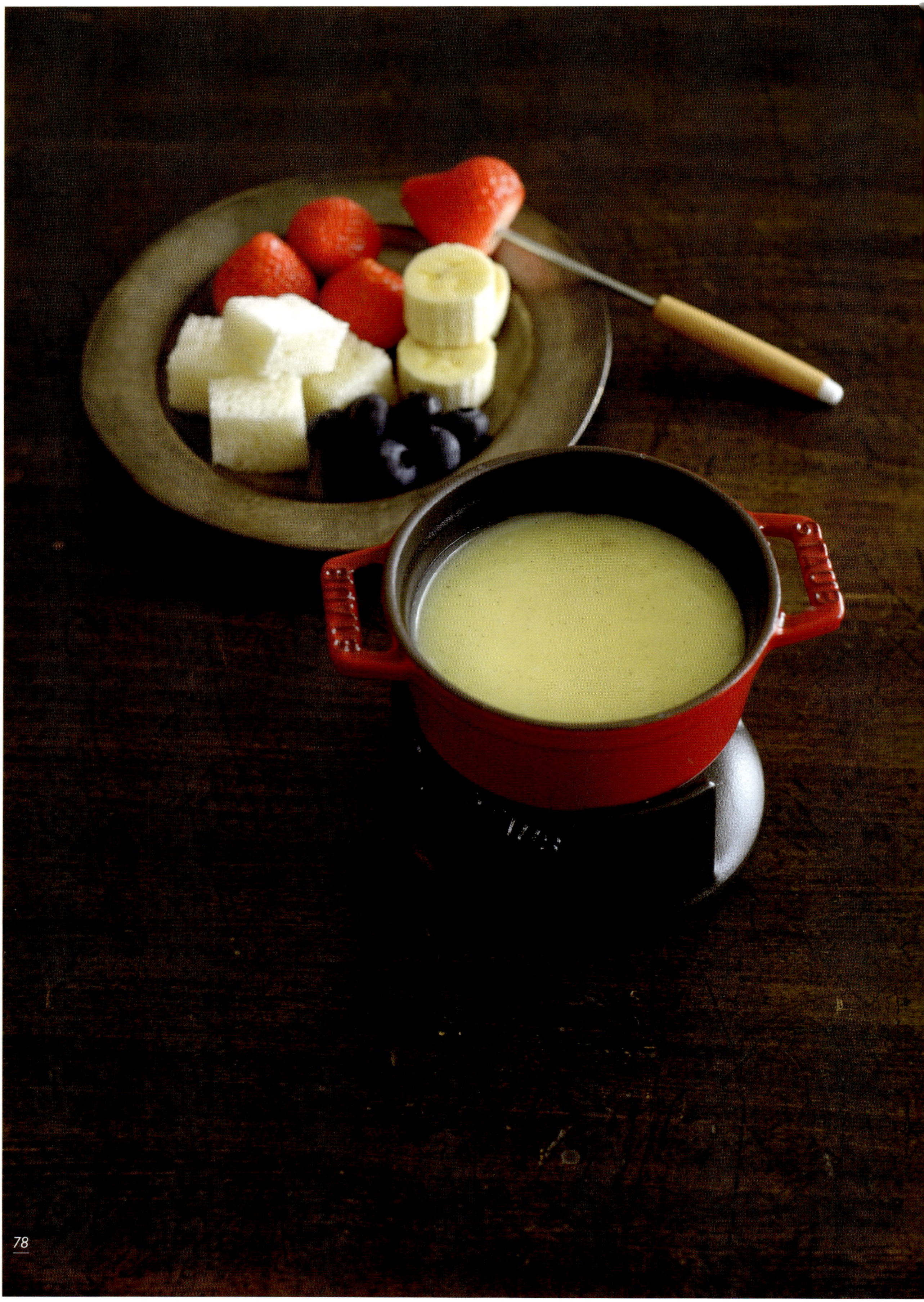
STAUB

Fondue au lait concentré

ミルクソースのスイーツフォンデュ

ミニチョコレートフォンデュセット

牛乳と生クリームをじっくりと煮詰めてミルクコンフィチュールのようなクリーミーなソースにしました。フルーツやパンのほか、焼きもちもおいしいのでぜひ！お好みでいろいろ試してみてください。

材料
ミニチョコレートフォンデュ鍋1台分

[ミルクソース]
A ┌ 牛乳 ――――――― 150mℓ
　├ 生クリーム ――――― 100mℓ
　└ グラニュー糖 ―――――― 50g
バニラビーンズ ――――――― ½本
ブランデー ―――――――― 大さじ1

[仕上げ]
好みのフルーツやパンなど ―― 各適量

作り方

① [ミルクソース] 鍋（16cmのラウンド）にAとさやからしごき出したバニラビーンズを入れ、火にかける。ゴムべら（または木べら）で絶えず混ぜ、沸騰して吹きこぼれそうになったら弱火にし、焦がさないように注意しながら煮詰める。

② クリームにつやが出て、ゴムべらで混ぜると鍋底が一瞬見えてすぐに隠れるくらいのとろみになってきたらⒶ火から下ろし、ブランデーを加えて混ぜ、少し冷ます。

> ミルクソースを作るときは少し大きめの鍋（ここでは16cmのラウンド使用）のほうが作りやすい。できたソースをフォンデュ鍋に移してフォンデュする。

③ [仕上げ] 器にへたを取ったいちごや厚めの輪切りにしたバナナ、サイコロ状に切ったパンなどを盛り、鍋のミルクソースをつけて食べる。

> ほかにキウイなど酸味のあるフルーツやポップコーンなどもおいしい。ミルクソースが冷めてとろみがつきすぎたときは、火をつけて混ぜながら鍋を温める。

柳瀬久美子（やなせ・くみこ）

フードコーディネーター。1963年、東京都生まれ。高校生のときに菓子店でアルバイトをしたのがきっかけでお菓子の世界へ。卒業後、都内洋菓子店やレストランで6年間働いたのち渡仏。4年間の在仏中にエコール・リッツ・エスコフィエ・ディプロマを取得し、フランス人家庭で、フランス家庭菓子や料理を覚える。帰国後の1994年に独立し、広告、雑誌、企業のメニュー開発など、多方面で活躍する一方、自宅でお菓子教室＆料理教室を主宰。今年は2度フランスを訪れ、お菓子や料理のトレンドを見て、食べて、新たなレシピ製作に余念がない。著書に『ジェラート、アイスクリーム、シャーベット ライト＆リッチな45レシピ』（主婦の友社）、『ストウブで冷たいお菓子』（講談社）など多数。
http://www.k-yanase.com/

アートディレクション・デザイン
小橋太郎（Yep）

撮影
青砥茂樹（料理／本社写真部）

スタイリング
池水陽子

調理アシスタント
江口恵美

企画・編集
小橋美津子（Yep）

材料協力
クオカ（cuoca） http://www.cuoca.com/
商品のお問い合わせ：0120-863-639

タカナシ乳業 http://www.takanashi-milk.co.jp/
商品のお問い合わせ：0120-369-059

撮影協力
ストウブ（ツヴィリング J.A. ヘンケルスジャパン）
お客様相談室：0120-75-7155
http://www.staub.jp/

デニオ総合研究所 http://www.deniau.jp/

講談社のお料理BOOK

ストウブでつくるあったかいお菓子

2014年12月4日　第1刷発行

著　者　柳瀬久美子
発行者　鈴木 哲
発行所　株式会社 講談社
　　　　〒112-8001　東京都文京区音羽2-12-21
　　　　編集部 03-5395-3527
　　　　販売部 03-5395-3625
　　　　業務部 03-5395-3615
印刷所　凸版印刷株式会社
製本所　株式会社若林製本工場

落丁本・乱丁本は、購入書店名を明記のうえ、小社業務部あてにお送りください。送料小社負担にてお取り替えいたします。なお、この本についてのお問い合わせは、生活文化第一出版部あてにお願いいたします。本書のコピー、スキャン、デジタル化等の無断複製は著作権法上での例外を除き禁じられています。本書を代行業者等の第三者に依頼してスキャンやデジタル化することは、たとえ個人や家庭内の利用でも著作権法違反です。定価はカバーに表示してあります。

ISBN978-4-06-299624-2
©Kumiko Yanase 2014, Printed in Japan